梦想中国语 阅读

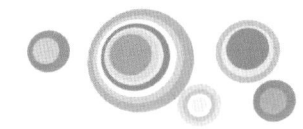

드림중국어 재미 있는 중국 이야기: 아판티

(중국 아이들이 가장 좋아하는 아판티의 이야기, 한국어 번역 포함)

梦想中国语 有意思的中国小故事：阿凡提

(中国儿童最喜欢的阿凡提的故事，含韩语翻译)

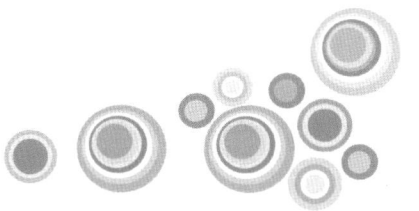

드림중국어 재미 있는 중국 이야기: 아판티

(중국 아이들이 가장 좋아하는 아판티의 이야기, 한국어 번역 포함)

梦想中国语 有意思的中国小故事：阿凡提

(中国儿童最喜欢的阿凡提的故事，含韩语翻译)

종이책 발행 2020 년 12 월 01 일
전자책 발행 2020 년 12 월 01 일

편저:	류환 (刘欢)
디자인:	曹帅
발행인:	류환
발행처:	드림중국어
주소:	인천 서구 청라루비로 93, 7 층 703 호
이멜:	5676888@naver.com
등록번호:	654-93-00416
등록일자:	2016 년 12 월 25 일

종이책 ISBN: 979-11-91186-57-4 (13720)
전자책 ISBN: 979-11-91186-89-5 (15720)
값: 19,800 원

드림중국어 원어민 수업 체험 예약 (30 분)

QR 코드로 스캔해서 수업 체험 수업 신청하세요.

(네이버 아이디로 들어감)

ZOOM 1:1 수업, 휴대폰/태블릿/컴퓨터로 수업 가능

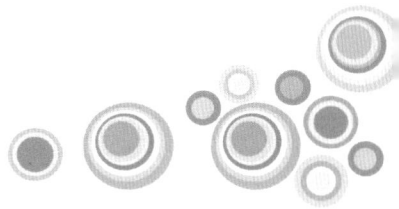

 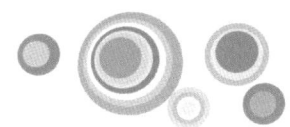

목 록 (중국어)

1. 阿凡提是谁? 5
2. 连星期日也不是 7
3. 我是公鸡 10
4. 真实年龄 13
5. "等等"留给丈夫 15
6. 种金子 18
7. 肚痛用眼药治 22
8. 治疗肥胖病 25
9. 锅生孩子 28
10. 记住什么？忘掉什么？ 31
11. 胡子像驴尾巴毛一样多 33
12. 惭愧 37
13. 讲课 39
14. 两清 42
15. 看星星 46
16. 谁比较有钱 48
17. 理发匠 52
18. 最大的快乐 55
19. 吃西瓜皮 59

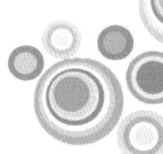

20. 熟鸡蛋	61
21. 想什么	63
22. 多少个朋友	65
23. 抓老鼠	67
24. 兔子的兔子的汤	69
25. 能算脑袋吗	71
26. 法官与智慧	73
27. 我不是兽医	75
28. 如果你不当小偷	77
29. 法官的智慧	79
30. 魔鬼的模样	81
31. 金子和真理	83
32. 昂贵的鸡蛋	85
33. 飞马	87
34. 鼠药	90
35. 失去记忆里的病人	93
36. 钱包与钻石戒指	95
37. 吃或者是不吃	98
38. 脚丫子找到了吧	100
39. 天才	102

 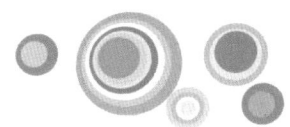

목 록 (한국어)

1. 아판티는 누구인가?..6
2. 일요일도 아니다..8
3. 나는 수탉이다..11
4. 실제 나이..14
5. "등등"을 남편에게 남기다..16
6. 금을 심다..20
7. 배앓이를 안약으로 치료하다..23
8. 비만병을 치료하다..26
9. 냄비는 아이를 낳다..30
10. 무엇을 기억하는가? 무엇을 잊는가?....................................32
11. 수염이 당나귀 꼬리털만큼 많다..35
12. 부끄럽다..38
13. 강의..41
14. 쌍방의 계산이 끝나다..44
15. 별을 보다..47
16. 누가 돈이 더 많은가?..50
17. 이발사..54
18. 가장 큰 즐거움..57
19. 수박 껍질을 먹다..60
20. 삶은 계란..62

 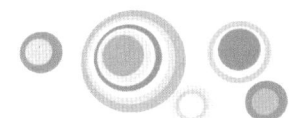

21. 무슨 생각을 하는가 63

22. 친구가 얼마나 있는가? 65

23. 쥐를 잡다 68

24. 토끼의 토끼의 탕 70

25. 머리라고 할 수 있는가? 72

26. 법관과 지혜 74

27. 저는 수의사가 아닙니다 76

28. 만약 당신이 도둑이 아니라면 78

29. 법관의 지혜 80

30. 악마의 모습 82

31. 금과 진리 84

32. 비싼 계란 86

33. 비마 88

34. 쥐약 91

35. 기억을 상실한 환자 94

36. 지갑과 다이아몬드 반지 96

37. 먹거나 먹지 않거나 99

38. 발을 찾았지? 103

39. 천재 101

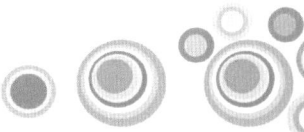

1. 阿凡提是谁?

阿凡提是中国小朋友们很喜欢的一个人物。

他是中国新疆的维吾尔族人。他非常聪明，也非常幽默。

他每天骑着可爱的小毛驴，走在新疆的各个城镇和农村。

他走到哪儿，就把欢乐带到哪儿。

他用他的智慧帮助了非常多的穷人。

他的故事在中国广为流传，深受喜爱。

阿凡提的故事像《安徒生童话》一样，是中国孩子们最喜欢的读物之一。

一. 单词

새 단어	병음	한국어 의미
新疆	xīn jiāng	중국의 지역 명칭, 신장성
维吾尔族	Wéiwú'ěr zú	중국의 민족
毛驴	máolǘ	당나귀
广为流传	guǎng wéi liúchuán	널리 퍼지다
安徒生	āntúshēng	안데르센, 덴마크의 동화작가
读物	dúwù	도서

二. 拼音

Ā fán tí shì shéi?

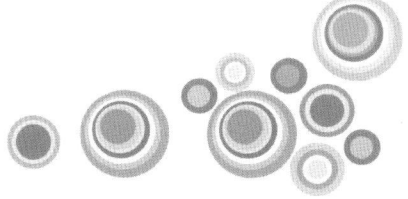

Ā fán tí shì zhōngguó xiǎopéngyǒumen hěn xǐhuān de yígè rénwù.

Tā shì zhōngguó xīnjiāng de wéiwú'ěr zúrén. Tā fēicháng cōngmíng, yě fēicháng yōumò.

Tā měitiān qízhe kě'ài de xiǎo máolǘ, zǒu zài xīnjiāng de gège chéngzhèn hé nóngcūn.

Tā zǒu dào nǎ'er, jiù bǎ huānlè dài dào nǎ'er.

Tā yòng tā de zhìhuì bāngzhùle fēicháng duō de qióngrén.

Tā de gùshì zài zhōngguó guǎng wèi liúchuán, shēn shòu xǐ'ài.

Ā fán tí de gùshì xiàng "āntúshēng tónghuà" yíyàng, shì zhōngguó háizimen zuì xǐhuān de dúwù zhī yī.

三. 韩语

1. 아판티는 누구인가?

아판티는 중국 어린이들이 아주 좋아하는 인물이다.

그는 중국 신장의 위구르족 사람이다. 그는 매우 똑똑하고 유머가 넘쳤다.

그는 매일 귀여운 당나귀를 타고 신장의 여러 도시와 농촌을 걸었다.

그는 가는 곳마다 즐거움을 가지고 갔다.

그는 그의 지혜로 매우 많은 가난한 사람들을 도왔다.

그의 이야기는 중국에서 널리 전해지며 많은 사랑을 받았다.

아판티의 이야기는 〈 안데르센동화 〉처럼 중국 아이들이 가장 즐겨 읽는 도서 중 하나이다.

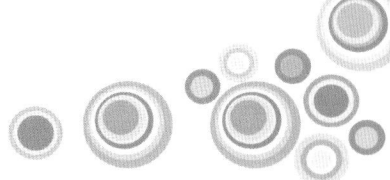

2. 连星期日也不是

阿凡提开了一间小染坊。

有一个财主嫉妒乡亲们夸阿凡提染得好，就故意去为难阿凡提。

有一天，财主拿着一匹布到阿凡提的染坊，并对阿凡提大声喊道："阿凡提，给我把这块布染一下，看看你的手艺怎么样。"

阿凡提问财主要染什么颜色。财主故意说："我要的颜色特别普通。不是红色的、不是蓝色的、不是黑色的、更不是白色的。当然也不是绿色的和青色的，你懂了吗？"

阿凡提接过布就把布锁到了柜子里，并对财主说："你就到那一天来取吧。那一天既不是星期一、星期二、星期三、也不是星期四、星期五、更不是星期六、星期天。到了那一天你就来取吧。"

财主听完，灰溜溜地走了。

一．单词

새 단어	병음	한국어 의미
染坊	Rǎnfáng	염색을 하는 집
嫉妒	jídù	질투하다
为难	wéinán	난처하게 만들다

匹	pǐ	마리
手艺	shǒuyì	손씨
青色	qīngsè	푸른 색.
锁	suǒ	쇠사슬
灰溜溜	huī liūliū	어둠침침하다, 색깔

二. 拼音

2.Lián xīngqīrì yě búshì

Ā fán tí kāile yì jiān xiǎo rǎnfáng.

Yǒu yígè cáizhǔ jídù xiāngqinmen kuā ā fán tí rǎn de hǎo, jiù gùyì qù wéinán ā fán tí.

Yǒu yìtiān, cáizhǔ názhe yì pǐ bù dào ā fán tí de rǎnfáng, bìng duì ā fán tí dàshēng hǎn dào:"Ā fán tí, gěi wǒ bǎ zhè kuài bù rǎn yíxià, kàn kàn nǐ de shǒuyì zěnme yàng."

Ā fán tí wèn cáizhǔyào rǎn shénme yánsè. Cáizhǔ gùyì shuō:"Wǒ yào de yánsè tèbié pǔtōng. Búshì hóngsè de, búshì lán sè de, búshì hēisè de, gèng búshì báisè de. Dāngrán yě búshì lǜsè de hé qīngsè de, nǐ dǒngle ma?"

Ā fán tí jiēguò bù jiù bǎ bù suǒ dàole guìzi lǐ, bìng duì cáizhǔ shuō:"Nǐ jiù dào nà yìtiān lái qǔ ba. Nà yìtiān jì búshì xīngqī yī, xīngqī'èr, xīngqīsān, yě búshì xīngqīsì, xīngqīwǔ, gèng búshì xīngqīliù, xīngqītiān. Dàole nà yìtiān nǐ jiù lái qǔ ba."

Cái zhǔ tīng wán, huī liūliū de zǒule.

三. 韩语

2.일요일도 아니다

아판티는 작은 염색소를 열었다.

어떤 부자는 마을사람들이 아판티에게 염색을 잘 했다고 칭찬할 때 일부러 아판티를 난처하게 하였다.

어느 날, 부자는 천 하나를 들고 아판티의 염색소에 가서 아판티에게 "아판티, 이 천을 염색해 줘요. 당신의 기술이 어떠한지 봅시다."고 큰소리를 쳤다.

아반티는 부자에게 어떤 색으로 염색할 것이냐고 물었다.

부자는 일부러 말했다. "원하는 색은 아주 보통이에요. 빨강, 파랑, 흑, 하양이 아닌 색이고 물론 초록과 푸른 색도 아닌데, 이해했어요?" 아판티는 천을 받아 즉시 옷장에 넣고 부자에게 말했다. "그날 와서 찾아가세요. 그 날은 월요일, 화요일, 수요일이 아니고 목요일, 금요일도 아니고, 토요일, 일요일도 더더욱 아니에요. 그 날이 되면 찾아가세요."

부자는 그 말을 듣고 풀이 죽어 가버렸다.

3. 我是公鸡

有一天，国王叫来了阿凡提，为了难为他，国王事先叫四十个人每个人的偷偷地拿着一个鸡蛋。国王对阿凡提和那四十个人说："你们现在必须每个人现场下个鸡蛋，下不出来鸡蛋的，必须另外交出一千个鸡蛋。"

那四十个人立马模仿母鸡"咯咯蛋、咯咯蛋"地叫起来，并对国王说："陛下，这是我生的鸡蛋。"唯独阿凡提没有吭声。

国王问阿凡提："阿凡提，你的鸡蛋呢？"

阿凡提看了国王一眼，对国王说："陛下，我是只公鸡呀！"说完就学公鸡"喔喔喔！喔喔喔"地叫起来。

国王听完，什么话也说不出来了。

一. 单词

새 단어	병음	한국어 의미
难为	Nánwéi	난처하게 만들다
现场	xiànchǎng	현장
模仿	mófǎng	흉내내다
唯独	wéi dú	오직, 만
吭声	kēngshēng	소리가 나다
公鸡	gōngjī	수탉

二. 拼音

3. Wǒ shì gōngjī

yǒu yìtiān, guówáng jiào láile ā fán tí, wèile nánwéi tā, guówáng shìxiān jiào sìshí gèrén měi gèrén de tōutōu názhe yígè jīdàn. Guówáng duì ā fán tí hé nà sìshí gèrén shuō:"Nǐmen xiànzài bìxū měi gèrén xiànchǎng xià gè jīdàn, xià bù chūlái jīdàn de, bìxū lìngwài jiāo chū yìqiān gè jīdàn."

Nà sìshí gèrén lìmǎ mófǎng mǔ jī "gēgē dàn, gēgē dàn" de jiào qǐlái, bìng duì guówáng shuō:"Bìxià, zhè shì wǒ shēng de jīdàn." Wéi dú ā fán tí méiyǒu kēngshēng.

Guówáng wèn ā fán tí:"Ā fán tí, nǐ de jīdàn ne?"

Ā fán tí kànle guówáng yìyǎn, duì guówáng shuō:"Bìxià, wǒ shì zhī gōngjī ya!" Shuō wán jiùxué gōngjī "ō ō ō! Ō ō ō" de jiào qǐlái.

Guówáng tīng wán, shénme huà yě shuō bù chūláile.

三. 韩语

3. 나는 수탉이다

어느 날, 국왕은 아판티를 불렀다. 그를 난처하게 하기 위해 국왕은 사전에 마흔 명의 사람들에게 몰래 계란 하나를 들고 오라고 했다. 국왕은 아판티와 그 40명 사람들에게 "너희들은 지금 반드시 현장에서 계란을 하나씩 낳아야 한다. 계란을 낳을 수 없는 사람은 반드시 추가로 1,000개의 계란을 내놓아야 한다."고 말했다.

그러자 마흔 명이 암탉이 '꼬꼬닥, 꼬꼬닥'하는 소리를 내며 국왕에게 말했다. "폐하, 이건 제가 낳은 계란입니다." 단지 아판티만 말을 하지 않았다.

국왕은 아판티에게 "아판티, 너의 계란은 어디에 있는가?"라고 물었다.

아판티는 국왕을 힐끗 쳐다보며 국왕에게 말했다. "폐하, 저는 수탉입니다!"

말을 마친 아판티는 수탉이 '오오오, 오오오'하는 소리를 따라했다.

국왕은 그 말을 듣고 아무 말도 할 수가 없었다.

4. 真实年龄

有一天，阿凡提在集市上碰到了浓妆艳抹的财主老婆，打量了一番，对财主的老婆说："今天的你看起来真年轻！"

财主的老婆问："你觉得我多大？"

阿凡提说："看你的脸，你有十七岁；看你的身材，你有十六岁；看你的辫子，你有九岁；看你的眉毛，你只有八岁。"

财主的老婆听了很开心，又问阿凡提："你觉得我看起来多大年纪？"

阿凡提回答说："把刚才我说的所有数字加起来就是你的真实年龄。"

一. 单词

새 단어	병음	한국어 의미
浓妆艳抹	Nóngzhuāngyànmǒ	야하고 짙은 화장을 하다
财主	cáizhǔ	부자
打量	dǎliang	(사람의 복장·외모 따위를) 관찰하다
一番	yì fān	한바탕
辫子	biànzi	땋은 머리

二. 拼音

4.Zhēnshí niánlíng

Yǒu yìtiān, ā fán tí zài jí shì shàng pèng dàole nóngzhuāngyànmǒ de cáizhǔ lǎopó, dǎliangle yì fān, duì cáizhǔ de lǎopó shuō:"Jīntiān de nǐ kàn qǐlái zhēn niánqīng!"

Cáizhǔ de lǎopó wèn:"Nǐ juéde wǒ duōdà?"

Ā fán tí shuō:"Kàn nǐ de liǎn, nǐ yǒu shíqī suì; kàn nǐ de shēncái, nǐ yǒu shíliù suì; kàn nǐ de biànzi, nǐ yǒu jiǔ suì; kàn nǐ de méimao, nǐ zhǐyǒu bā suì."

Cáizhǔ de lǎopó tīngle hěn kāixīn, yòu wèn ā fán tí:"Nǐ juéde wǒ kàn qǐlái duōdà niánjì?"

Ā fán tí huídá shuō:"Bǎ gāngcái wǒ shuō de suǒyǒu shùzì jiā qǐlái jiùshì nǐ de zhēnshí niánlíng.

三. 韩语

4. 실제 나이

어느 날 시장에서 아판티가 짙은 화장을 한 부자의 아내를 만나 그녀를 훑어보고서 부자의 아내에게 말했다. "오늘 당신은 정말 어려 보여요!"

부자의 아내는 "내가 몇 살이라고 생각해요?" 라고 물었다.

아판티는 "얼굴을 보면 17살이고, 몸매를 보면 16살이고, 머리채를 보면 9살이고 눈썹을 보면 8살이네요."

부자의 아내는 이 말을 듣고 아주 기뻐하면서 아판티에게 물었다. "내가 몇 살처럼 보여요?"

아판티는 "방금 내가 말한 숫자를 모두 합치면 당신의 실제 나이가 됩니다."

5. "等等"留给丈夫

有一天，有个自私的财主要和妻子离婚，便带着妻子来到了法院。

身为法官的阿凡提问财主："你为什么要和她离婚？"

财主神气地说道："为了娶一个比她还漂亮的老婆。"

阿凡提说道："那你说说你有什么财产，我来帮你们公平分配。"

财主为了独霸财产，说到："我们家里有房子等等、绵羊等等、被子等等、面粉等等……"

听完，阿凡提宣判说："房子分给妻子，等等留给丈夫；绵羊分给妻子，等等留给丈夫；被子分给妻子，等等留给丈夫；面粉分给妻子，等等留给丈夫……"。

财主听完，灰溜溜地走了。

一. 单词

새 단어	병음	한국어 의미
神气	Shénqì	득의양양하다
娶	qǔ	장가들다
分配	fēnpèi	분배하다
独霸	dúbà	독차지하다
绵羊	miányáng	면양
宣判	xuānpàn	판결을 선고하다.

| 灰溜溜 | huī liūliū | 어둠침침하다, 색깔 |

二. 拼音

5."Děng děng" liú gěi zhàngfu

Yǒu yìtiān, yǒu gè zìsī de cáizhǔyào hé qīzǐ líhūn, biàn dàizhe qīzǐ lái dàole fǎyuàn.

Shēn wéi fǎguān de ā fán tíwèn cáizhǔ:"Nǐ wèishéme yào hé tā líhūn?"

Cáizhǔ shénqì de shuōdao:"Wèile qǔ yígè bǐ tā hái piàoliang de lǎopó."

Ā fán tí shuōdao:"Nà nǐ shuō shuō nǐ yǒu shé me cáichǎn, wǒ lái bāng nǐmen gōngpíng fēnpèi."

Cáizhǔ wèile dúbà cáichǎn, shuō dào:"Wǒmen jiā li yǒu fángzi děng děng, miányáng děng děng, bèizi děng děng, miànfěn děng děng……"

tīng wán, ā fán tí xuānpàn shuō:"Fángzi fēn gěi qīzǐ, děng děng liú gěi zhàngfu; miányáng fēn gěi qīzǐ, děng děng liú gěi zhàngfu; bèizi fēn gěi qīzǐ, děng děng liú gěi zhàngfu; miànfěn fēn gěi qīzǐ, děng děng liú gěi zhàngfu……".

Cái zhǔ tīng wán, huī liūliū de zǒule.

三. 韩语

5."등등"을 남편에게 남기다

어느 날, 이기적인 부자가 아내와 이혼하기 위해 아내를 데리고 법원에 갔다.

법관인 아판티는 부자에게 "왜 그녀와 이혼하려고 합니까?"라고 물었다.

부자는 으스대게 말했다. "그녀보다 더 예쁜 여자를 맞이하기 위해서입니다."

아판티는 "그럼 당신의 재산에 대해서 말해 보세요. 제가 공평하게 나누어 줄게요."

라고 말했다.

부자는 재산을 독식하기 위해, "우리 집에는 집 등등, 면양 등등, 이불 등등, 밀가루 등등이 있어요 …"라고 말했다.

그러자 아판티는 "집은 아내에게 주고 등등은 남편에게 주세요. 면양은 아내에게 주고 등등은 남편에게 남겨주세요. 이불은 아내에게 주고 등등은 남편에게 주세요. 밀가루는 아내에게 주고, 등등은 남편에게 주세요……"

부자는 말을 듣고 풀이 죽어 가버렸다.

6. 种金子

有一天,国王路过沙滩,看见阿凡提在弄沙子,国王问阿凡提在做什么,阿凡提说:"我正在种金子。"

国王诧异地问道:"金子该怎么种?"

阿凡提说:"现在把金子种下去,星期五就可以得到十两金子。"

国王听了,十分心动,激动地和阿凡提说:"要种就多种点。种子不够,到我宫里来拿好了,要多少有多少。那就算是咱俩合伙种的。长出金子来,分给我八成就行。"阿凡提爽快地答应了。

第二天,阿凡到了皇宫,拿回了两斤金子,一个星期后,他给国王送去了十斤金子。国王看到金光闪闪的金子,心里别提有多高兴了。

第三天,国王又送去了好几箱金子,希望能收回更多。

然而,这一次,阿凡提却把金子都分给了穷人。

过了一个星期,阿凡提两手空空地去见国王。

阿凡提对国王说:"哎!没想到这几天一直不下雨,结果金子都干死了。"

国王听完勃然大怒,说:"金子怎么会干死呢!你休想骗我!"

阿凡提冷静地说,"您要是不相信金子会干死,怎么又相信金子种上了能长出新金子呢?"

国王听了，什么话都说不出来。

一．单词

새 단어	병음	한국어 의미
沙滩	Shātān	모래톱，사주
诧异	chàyì	이상하게 생각하다
心动	xīndòng	가슴이 설레다
合伙	héhuǒ	동반자가 되다
爽快	shuǎngkuài	마음이 아주 시원하고 거뜬하다
金光闪闪	jīnguāng shǎnshǎn	금빛이 번쩍이다
别提	biétí	말하지 마라
两手空空	liǎngshǒukōngkōng	아무것도 없다
勃然大怒	bórán dà nù	벌컥 성을 내다
休想	xiūxiǎng	꿈도 꾸지 마라

二．拼音

6.Zhòng jīnzi

yǒu yìtiān, guówáng lùguò shātān, kànjiàn ā fán tí zài nòng shāzi, guówáng wèn ā fán tí zài zuò shénme, ā fán tí shuō:"Wǒ zhèngzài zhòng jīnzi."

Guówáng chàyì de wèn dào:"Jīnzi gāi zěnme zhòng?"

Ā fán tí shuō:"Xiànzài bǎ jīnzi zhòng xiàqù, xīngqīwǔ jiù kěyǐ dédào shí liǎng jīnzi."

Guówáng tīngle, shífēn xīndòng, jīdòng de hé ā fán tí shuō:"Yào zhòng jiù duō zhòng diǎn. Zhǒngzǐ búgòu, dào wǒ gōng lǐ lái ná hǎole, yào duōshǎo yǒu duōshǎo. Nà jiùsuàn shì zán liǎ héhuǒ zhòng de. Zhǎng

19

chū jīnzi lái, fēn gěi wǒ bāchéng jiùxíng." Ā fán tí shuǎngkuài de dāyìngle.

Ā fán tídàole huánggōng, ná huíle liǎng jīn jīnzi, yígè xīngqī hòu, tā gěi guówáng sòng qùle shí jīn jīnzi. Guówáng kàn dào jīnguāng shǎnshǎn de jīnzi, xīnlǐ biétí yǒu duō gāoxìngle.

Guówáng yòu sòng qùle hǎojǐ xiāng jīnzi, xīwàng néng shōuhuí gèng duō.

Rán'ér, zhè yícì, ā fán tí què bǎ jīnzi dōu fēn gěile qióngrén.

Guò le yígè xīngqī, ā fán tí liǎng shǒu kōng kòng de qù jiàn guówáng.

Ā fán tí duì guówáng shuō:"ài! Méi xiǎngdào zhè jǐ tiān yìzhí búxià yǔ, jiéguǒ jīnzi dōu gān sǐle."

Guówáng tīng wán bórán dà nù, shuō:"Jīnzi zěnme huì gān sǐ ne! Nǐ xiūxiǎng piàn wǒ!"

Ā fán tí lěngjìng de shuō,"nín yàoshi bù xiāngxìn jīnzi huì gān sǐ, zěnme yòu xiāngxìn jīnzi zhòng shàngle néng zhǎng chū xīn jīnzi ne?"

Guówáng tīngle, shénme huà dōu shuō bu chūlái.

三. 韩语

6.금을 심다

어느 날, 국왕은 모래사장을 지나다가 아판티가 모래를 만지는 것을 보고 아판티에게 무엇을 하고 있느냐고 물었고 아판티는 "저는 금을 심고 있습니다."라고 말했다.

국왕이 의아해하며 물었다. "금은 어떻게 심는 것이냐?"

아판티는 금을 지금 심으면 금요일에 열 냥의 금을 받을 수 있다고 말했다.

그러자 왕은 그 말을 듣고 가슴이 두근거려서 아판티에게 말했다. "금을 심으려면 많이 심어라. 씨앗이 부족하면 궁전에 와서 가져가면 된다, 얼마든지 있다. 그렇게 되면 우리 두 사람이 금을 함께 심는 것이다. 그럼 우리 두 사람이 공동 경작한 셈이다. 금이 생기면 8할을 나누어 주면 된다." 아판티는 흔쾌히 응했다.

이튿날, 아판티는 황궁에 금 2근을 가져왔고 일주일 후 그는 국왕에게 금 10근을 보냈다. 국왕은 금빛이 반짝이는 금을 보고 무척 기뻐했다.

사흘날, 그는 또 몇 상자의 금을 보내면서 더 많이 거두어들이기를 바랐다.

그러나 이번에는 아판티가 금을 모두 가난한 사람에게 나누어 주었다.

일주일이 지난 후 아판티는 빈손으로 국왕을 뵈러 갔다.

아판티는 국왕에게 말했다. "아! 그동안 비가 오지 않아 금이 다 말랐습니다."

국왕은 화를 내며 말했다. "금이 어떻게 말라 죽을 수가 있어! 나를 속일 생각하지 마라!"

아판티는 침착하게 "금이 말라 죽는다는 것은 믿지 않고 어떻게 금을 심으면 새로운 금이 나온다는 것을 믿습니까?"라고 말했다.

국왕은 그 말을 듣고 아무 말도 하지 못했다.

7. 肚痛用眼药治

有一天，有个人去找阿凡提，对阿凡提说："我的肚子不舒服，拜托你给我治一下吧。"

阿凡提问："你是不是吃了什么不干净的东西？"

那个人回答说："我只吃了块发霉的饼干。"

阿凡提拿出一瓶眼药水，说："你睁大眼睛，我来给你上药。"

那个人很疑惑地看阿凡提："我明明是肚子疼，你为什么要给我滴眼药水？"

阿凡提说："一定是你的眼睛有问题。如果你的眼睛没毛病的话，不会去吃一块发霉的饼干的。"

一. 单词

새 단어	병음	한국어 의미
拜托	Bàituō	제발
发霉	fāméi	곰팡이가 끼다
上药	shàng yào	약을 바르다
疑惑	yíhuò	의심하다

二. 拼音

7.Dù tòng yòng yǎn yào zhì

yǒu yìtiān, yǒu gèrén qù zhǎo ā fán tí, duì ā fán tí shuō:"Wǒ de dùzi bù shūfu, bàituō nǐ gěi wǒ zhì yíxià ba."

Ā fán tí wèn:"Nǐ shì búshì chīle shénme bù gānjìng de dōngxi?"

Nàgè rén huídá shuō:"Wǒ zhǐ chīle kuài fāméi de bǐnggān."

Ā fán tí ná chū yì píng yǎn yàoshuǐ, shuō:"Nǐ zhēng dà yǎnjīng, wǒ lái gěi nǐ shàng yào."

Nàgè rén hěn yíhuò de kàn ā fán tí:"Wǒ míngmíng shì dùzi téng, nǐ wèishéme yào gěi wǒ dī yǎn yàoshuǐ?"

Ā fán tí shuō:"Yídìng shì nǐ de yǎnjīng yǒu wèntí. Rúguǒ nǐ de yǎnjīng méi máobìng dehuà, bú huì qù chī yíkuài fāméi de bǐnggān de."

三. 韩语

7.배앓이를 안약으로 치료하다

어느 날, 어떤 사람이 아판티를 찾아와 아판티에게 말했다. "배가 아픈데 제발 좀 치료해 주세요."

아판티는 "혹시 깨끗하지 않은 것을 드셨나요?"라고 물었다.

그 사람이 대답했다. "저는 곰팡이가 핀 과자를 한 조각 먹었어요."

아판티는 안약 한 병을 꺼내서 "눈을 크게 뜨세요. 제가 약을 넣어 줄게요."라고 말했다.

그 사람은 의심스럽게 아판티를 보고 "배가 아픈데 왜 나에게 안약을 주시나요?"라고 물었다.

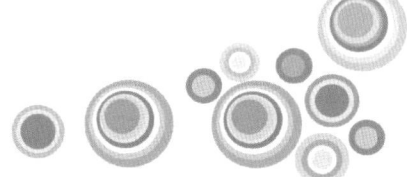

아판티는 "틀림없이 당신의 눈에 문제가 있어요. 만약 당신의 눈에 문제가 없다면 곰팡이가 낀 과자를 먹지 않았을 것이에요."

8. 治疗肥胖病

有一天，一个无比肥胖的财主找到阿凡提，说："阿凡提，我得了肥胖病，求你开个药方救救我！"

阿凡提想了想，开了个药方——"你十五天后会死亡"。

地主看到药方，吓得腿都软了。回到家里的财主整天躺在床上，喝不下水，吃不进饭，过了十五天，财主变得骨瘦如柴。

过了十五天还没死的地主跑来和阿凡提对峙，说："阿凡提，你骗我。"

阿凡提一本正经地看着他，说："别想耍赖！我的'药方'不是把你的肥胖病治好了吗？快把医药费拿来！"

一. 单词

새 단어	병음	한국어 의미
无比	Wúbǐ	아주 뛰어나다
药方	yàofāng	처방
骨瘦如柴	gǔshòurúchái	장작같이 바싹 마르다
对峙	duìzhì	대치하다
一本正经	yìběnzhèngjīng	태도가 단정하다
耍赖	shuǎlài	억지를 부리다

二. 拼音

8.Zhìliáo féipàng bìng

yǒu yìtiān, yígè wúbǐ féipàng de cáizhǔ zhǎodào ā fán tí, shuō:"Ā fán tí, wǒ déle féipàng bìng, qiú nǐ kāi gè yàofāng jiù jiù wǒ!"

Ā fán tí xiǎngle xiǎng, kāile gè yàofāng——"nǐ shíwǔ tiānhòu huì sǐwáng".

Dìzhǔ kàn dào yàofāng, xià de tuǐ dōu ruǎnle. Huí dào jiālǐ de cáizhǔ zhěng tiān tǎng zài chuángshàng, hē bù xiàshuǐ, chī bú jìn fàn, guòle shíwǔ tiān, cáizhǔ biàn dé gǔshòurúchái.

Guò le shíwǔ tiān hái méi sǐ de dìzhǔ pǎo lái hé ā fán tí duìzhì, shuō:"Ā fán tí, nǐ piàn wǒ."

Ā fán tí yìběnzhèngjīng de kànzhe tā, shuō:"Bié xiǎng shuǎlài! Wǒ de 'yàofāng' búshì bǎ nǐ de féipàng bìng zhì hǎole ma? Kuài bǎ yīyào fèi ná lái!"

三. 韩语

8.비만병을 치료하다

어느 날, 엄청 뚱뚱한 부자가 아판티를 찾아와 말했다. "아판티, 나 비만병에 걸렸어요. 제발 처방전을 내서 저를 구해주세요."

아판티는 잠시 생각을 하더니 "당신은 15일 후에 죽을 것입니다."라는 처방전을 내렸다.

부자는 처방전을 보고 무서워 가슴이 내려앉는 것 같았다. 집으로 돌아온 부자는 하루 종일 침대에 누워 물을 마시지 못하고 밥을 먹지 못하다가 15일 후 부자는 피골이 상접하게 되었다.

15일이 지나고 죽지 않은 부자가 달려와 아판티와 마주하여 말했다. "아판티, 당신

은 나를 속였어요."

아판티는 정색을 하며 그를 보고 말했다. "억지부리지 마세요. 제 '처방전'이 당신의 비만병을 고쳤잖아요? 빨리 의료비를 주세요."

9. 锅生孩子

　　有一次，阿凡提向财主借了一口锅，还锅的时候阿凡提还多还了一口小锅，并对财主说："您借给我的是口怀孕的母锅。它到我家没两天，就生了一口小锅。我这是把母锅和它生的儿子都给您带来了。"

　　财主听了，特别开心，对阿凡提说："以后你要用锅，随便拿。"

　　过了两天，阿凡提又来借锅，这回他要向财主借那口最大的锅。财主巴不得阿凡提来借锅，很高兴地把锅借给了阿凡提。

　　一转眼一个月过去了，阿凡提还没来还锅，财主急了，他准备上门要锅，刚好碰上骑着毛驴的阿凡提。

　　阿凡提哭丧着脸，对财主说："财主啊，真是不幸啊，你那口锅来我家不到两天就死了，我本来想等守孝期过去再来找您的，又怕您着急，就来找您了。"

　　财主很生气地说："锅是铁做的，怎么会死！"

　　阿凡提说："财主，您可不能不讲道理呀！您既然收下了铁锅生的儿子，怎么能不承认铁锅会死呢？"

一. 单词

새 단어	병음	한국어 의미
怀孕	Huáiyùn	임신하다

巴不得	bābudé	간절히 바라다
一转眼	yì zhuàn yǎn	아주 짧은 시간
哭丧	kūsāng	상장례 때 망자의 죽음을 애도하는 울음소리.
守孝期	shǒuxiào qī	부모의 상을 입는 동안

二. 拼音

9. Guō shēng háizi

yǒu yícì, ā fán tí xiàng cáizhǔ jièle yìkǒu guō, huán guō de shíhòu ā fán tí hái duō huánle yìkǒu xiǎo guō, bìng duì cáizhǔ shuō:"Nín jiè gěi wǒ de shì kǒu huáiyùn de mǔ guō. Tā dào wǒjiā méi liǎng tiān, jiù shēngle yìkǒu xiǎo guō. Wǒ zhè shì bǎ mǔ guō hé tā shēng de érzi dōu gěi nín dài láile."

Cáizhǔ tīngle, tèbié kāixīn, duì ā fán tí shuō:"Yǐhòu nǐ yào yòng guō, suíbiàn ná."

Guò le liǎng tiān, ā fán tí yòu lái jiè guō, zhè huí tā yào xiàng cáizhǔ jiè nà kǒu zuìdà de guō. Cáizhǔ bābudé ā fán tí lái jiè guō, hěn gāoxìng de bǎ guō jiè gěile ā fán tí.

yì zhuàn yǎn yígè yuè guòqùle, ā fán tí hái méi lái huán guō, cáizhǔ jíle, tā zhǔnbèi shàngmén yào guō, gānghǎo pèng shàng qízhe máolǘ de ā fán tí.

Ā fán tí kūsāngzheliǎn, duì cáizhǔ shuō:"Cáizhǔ a, zhēnshi búxìng a, nǐ nà kǒu guō lái wǒjiā bú dào liǎng tiān jiù sǐle, wǒ běnlái xiǎng děng shǒuxiào qī guòqù zàilái zhǎo nín de, yòu pà nín zhāojí, jiù lái zhǎo nínle."

Cáizhǔ hěn shēngqì de shuō:"Guō shì tiě zuò de, zěnme huì sǐ!"

Ā fán tí shuō:"Cáizhǔ, nín kě bùnéng bù jiǎng dàolǐ ya! Nín jìrán shōu xiàle tiě guō shēng de érzi, zěnme néng bù chéngrèn tiě guō huì sǐ ne?"

三. 韩语

9.냄비는 아이를 낳다

한번은 아판티가 부자에게 냄비를 빌렸다. 냄비를 돌려줄 때 아판티는 또 작은 냄비를 하나 더 주었다. 그리고 부자에게 말했다. "저에게 빌려줬던 냄비는 임신한 냄비예요. 그것이 우리 집에 온지 이틀도 안 되어서 작은 냄비를 하나 낳았습니다. 제가 냄비 어머니와 그의 아들을 같이 가지고 왔습니다."

부자는 이를 듣고 아주 기뻐하면서 아판티에게 말했다. "앞으로는 냄비가 필요하면 그냥 가져가면 돼요."

이틀이 지난 후 아판티는 또 냄비를 빌리러 왔는데 이번에는 부자에게 제일 큰 냄비를 빌리려 했다. 부자는 아판티가 냄비를 빌리러 오기를 바랬기에 기뻐하며 아판티에게 냄비를 빌려주었다.

어느덧 한달이 지났는데 아판티는 냄비를 돌려주지 않았다. 부자는 무척 급해서 냄비를 되찾으려고 하다가 마침 당나귀를 탄 아판티를 만났.

아판티는 울상을 짓고 부자에게 말했다. "부자님, 정말 불행해요. 그 냄비가 집에 온지 이틀도 안 되어 죽어버렸어요.

부자는 화가 나서 "냄비는 철로 만든 것인데 어떻게 죽을 수가 있어요!"라고 말했다.

아판티는 이렇게 말했다. "부자님, 억지를 부리시면 안 돼요. 당신은 냄비가 낳은 아들을 받았는데 어떻게 냄비가 죽는다는 것은 인정하지 못하나요?"

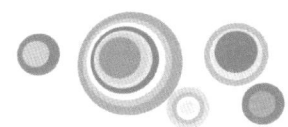

10.记住什么？忘掉什么？

从前，有个人听说阿凡提很有学问，便不远万里来请教阿凡提。

他对阿凡提说："尊敬的阿凡提，请您告诉我！什么事情必须牢牢地记在心上，什么事情应该把它永远忘掉？"

阿凡提想了想，回答说："如果别人对你做了一件好事，你必须把它牢牢记在心里；要是你自己对别人做了一件好事，你就应该把它永远忘掉。"

一. 单词

새 단어	병음	한국어 의미
不远万里	Bù yuǎn wànlǐ	만리 길도 마다않다
牢牢	láo láo	뚜렷이

二. 拼音

10. Jì zhù shénme? Wàngdiào shénme?

Cóngqián, yǒu gèrén tīng shuō ā fán tí hěn yǒu xuéwèn, biàn bù yuǎn wànlǐ lái qǐngjiào ā fán tí.

Tā duì ā fán tí shuō:"Zūnjìng de ā fán tí, qǐng nín gàosù wǒ! Shénme shìqíng bìxū láo láo de jì zàixīn shàng, shénme shìqíng yīnggāi bǎ tā yǒngyuǎn wàngdiào?"

Ā fán tí xiǎngle xiǎng, huídá shuō:"Rúguǒ biérén duì nǐ zuòle yí jiàn hǎoshì, nǐ bìxū bǎ tā láo láojì zài xīnlǐ; yàoshi nǐ zìjǐ duì biérén zuòle yí jiàn hǎoshì, nǐ jiù yīnggāi bǎ tā yǒngyuǎn wàngdiào."

三. 韩语

10.무엇을 기억하는가? 무엇을 잊는가?

옛날에 한 사람은 아판티가 학문이 깊다는 것을 듣고 먼 길을 걸어가 그에게 가르침을 청했다.

그는 아판티에게 말했다. "존경하는 아판티, 저에게 알려 주세요. 어떤 일을 반드시 마음에 새겨야 하고 어떤 일을 영원히 잊어야 하나요?"

아판티는 잠깐 생각하더니 말했다. "만약 다른 사람이 당신에게 좋은 일을 했다면 반드시 마음속에 잘 새겨 두어야 해요. 만약 당신이 다른 사람에게 좋은 일을 했다면 당신은 그것을 영원히 잊어버려야 해요."

11. 胡子像驴尾巴毛一样多

有一天，国王问一万两千个学者："世界的中心在哪？"谁也回答不出这个问题。

阿凡提听说了这件事，马上骑着驴来到皇宫。

国王问阿凡提："你知道世界的中心在哪？"

阿凡提回答说："世界的中心就在我驴子左前蹄踩的地方。"

国王怀疑地说道："胡说，我才不信。"

阿凡提说："您要是不信，您自己把世界量一量，错了就罚我好了。"

国王说不出话，又问道："天上有多少颗星星？"

阿凡提回答说："不多不少，刚好和您的胡子一样多。"

"什么！你胡说！"国王激动地说。

阿凡提肯定说："不信，您可以数一数天上的星星有多少颗，不对的话您就罚我好了。"

国王不认输，问道："那你说，我的胡子有多少根。"

阿凡提指着驴尾巴说："和驴尾巴上的毛一样多。不信您可以数一数自己的胡子，再数数驴尾巴的毛，看看我说的对不对。"

国王听了，一句话也说不出来。

梦想中国语 阅读

一. 单词

새 단어	병음	한국어 의미
前蹄	Qián tí	앞발굽
胡说	húshuō	허튼소리를 하다
量	liáng	헤아리다
罚	fá	처벌하다
认输	rènshū	패배를 인정하다
尾巴	wěibā	꼬리
驴	lú	당나귀

二. 拼音

11. Húzi xiàng lǘ wěibā máo yíyàng duō

yǒu yìtiān, guówáng wèn yí wàn liǎng qiān gè xuézhě:"Shìjiè de zhōngxīn zài nǎ?" Shéi yě huí dā bù chū zhège wèntí.

Ā fán tí tīng shuōle zhè jiàn shì, mǎshàng qízhe lǘ lái dào huánggōng.

Guówáng wèn ā fán tí:"Nǐ zhīdào shìjiè de zhōngxīn zài nǎ?"

Ā fán tí huídá shuō:"Shìjiè de zhōngxīn jiù zài wǒ lǘzi zuǒqián tí cǎi de dìfāng."

Guówáng huáiyí de shuōdao:"Húshuō, wǒ cái búxìn."

Ā fán tí shuō:"Nín yàoshi búxìn, nín zìjǐ bǎ shìjiè liáng yì liáng, cuòle jiù fá wǒ hǎole."

Guówáng shuō bù chū huà, yòu wèn dào:"Tiānshàng yǒu duōshǎo kē xīngxīng?"

Ā fán tí huídá shuō:"Bù duō bù shǎo, gānghǎo hé nín de húzi yíyàng duō."

"Shénme! Nǐ húshuō!" Guówáng jīdòng de shuō.

Ā fán tí kěndìng shuō:"búxìn, nín kěyǐ shǔ yì shǔ tiānshàng de xīngxīng yǒu duōshǎo kē, búduì

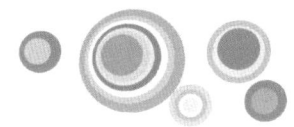

dehuà nín jiù fá wǒ hǎole."

Guówáng bú rènshū, wèn dào:"Nà nǐ shuō, wǒ de húzi yǒu duōshǎo gēn."

Ā fán tí zhǐzhe lǘ wěibā shuō:"Hé lǘ wěibā shàng de máo yíyàng duō. búxìn nín kěyǐ shǔ yì shǔ zìjǐ de húzi, zài shǔshǔ lǘ wěibā de máo, kàn kàn wǒ shuō de duì búduì."

Guówáng tīngle, yíjù huà yě shuō bù chūlái.

三. 韩语

11.수염이 당나귀 꼬리털만큼 많다

어느 날 국왕은 이만 이천 명의 학자에게 물었다. "세계의 중심은 어디에 있으냐?" 누구도 이 문제에 대답하지 못했다.

아판티는 이 소식을 듣고 급히 당나귀를 타고 황궁에 도착하였다.

국왕은 아판티에게 "세계의 중심이 어디에 있는지 알고 있느냐?"라고 물었다.

아판티는 이렇게 대답했다. "세계의 중심은 바로 제가 당나귀 왼쪽 앞 발굽으로 밟은 곳입니다."

국왕은 의심하며 말했다. "말도 안 된다, 믿지 않을 것이다."

아판티는 "만약 믿지 않으시다면 세상을 측량해 보시고 제 답이 틀렸다면 저를 처벌하시면 됩니다."고 말했다.

국왕은 그에 대해 아무 말도 하지 않고 다시 물었다. "하늘에는 별이 몇 개나 있어?"

아판티는 "많지도 적지도 않고 딱 폐하의 수염만큼 많습니다"고 대답했다.

"뭐야! 쓸데없는 소리!" 국왕은 화를 내며 말했습니다.

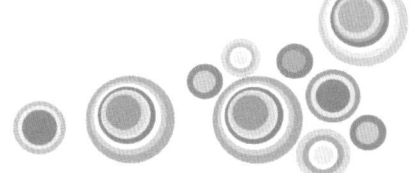

아판티는 "믿지 않으시면 하늘에 별이 얼마나 있는지 세어 보세요. 제 답이 틀렸다면 저를 처벌해 주세요."

"그럼 내 수염은 몇 개나 있느냐?" 국왕은 패배를 인정하지 않고 물었다.

아판티는 당나귀 꼬리를 가리키며 이렇게 말했다. "당나귀 꼬리의 털만큼 많습니다. 믿지 않으면 폐하의 수염을 세어 보시고 당나귀 꼬리의 털을 세어 보시면 됩니다. 제 말이 맞는지 틀렸는지 말입니다."

국왕은 그 말을 듣고 아무 말도 할 수 없었다.

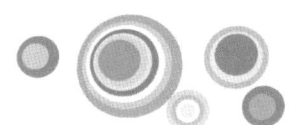

12. 惭愧

有一天，阿凡提看到自己家进了贼，就立马躲进了一个空箱子。

贼在他的家到处翻找，但是什么值钱的东西也没有找到。

小偷打开箱子发现阿凡提蹲在里面，好奇地问道："你在里面做什么？"

阿凡提回答说："因为我家里什么都没有，我实在是没有脸见你，就躲起来了。"

一. 单词

새 단어	병음	한국어 의미
贼	Zéi	도둑
立马	lìmǎ	곧, 즉시
翻找	fān zhǎo	뒤집어 찾다
蹲	dūn	쭈그리다

二. 拼音

12. Cánkuì

yǒu yìtiān, ā fán tí kàn dào zìjǐ jiā jìnle zéi, jiù lìmǎ duǒ jìnle yígè kōng xiāngzi.

Zéi zài tā de jiā dàochù fān zhǎo, dànshì shénme zhíqián de dōngxī yě méiyǒu zhǎodào.

Xiǎotōu dǎkāi xiāng zǐ fāxiàn ā fán tí dūn zài lǐmiàn, hàoqí de wèn dào:"Nǐ zài lǐmiàn zuò shénme?"

Ā fán tí huídá shuō:"Yīnwèi wǒ jiālǐ shénme dōu méiyǒu, wǒ shízài shì méiyǒu liǎn jiàn nǐ, jiù duǒ qǐláile."

三. 韩语

12.부끄럽다

어느 날, 아판티는 자신의 집에 도둑이 든 것을 보고 바로 빈 상자로 숨어들었다.

도둑은 그의 집 이곳저곳을 뒤졌지만 어떤 값진 것도 찾지 못했다.

도둑은 상자를 열었는데 아판티가 안에 쪼그리고 앉아있어 궁금해서 물었다. "안에서 뭘 하는 겁니까?"

아판티는 "우리 집에 아무것도 없어 당신을 볼 면목이 없어서 숨어버렸어요."라고 대답했다.

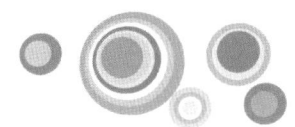

13. 讲课

有一天，有人请阿凡提去讲课，阿凡提走上讲台，说："我要讲的内容是什么，你们知道吗？"

"我们不知道。"台下的人回答说。

阿凡提说："跟不知道我要讲什么的人要说什么呢？"

说完，阿凡提就离开了。

后来，阿凡提又被请了过来，他站在讲台上问："大家知道我要讲什么吗？"

大家立马回答道："知道。"

阿凡提说："既然你们知道我要讲什么，我就没什么要说的了。"

说完，阿凡提又走了。

当阿凡提第三次站上讲台时，又问了之前那两个问题。

这时台下一半的人说知道，一半的人说不知道。

没想到阿凡提说了句："那么让那一半知道的人讲给另一半不知道的人好了！"说完便走了。

一. 单词

새 단어	병음	한국어 의미

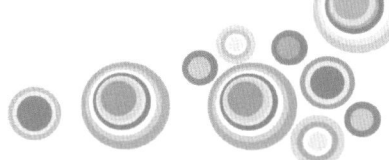

讲台	Jiǎngtái	교단
立马	lìmǎ	곧, 즉시
便	biàn	바로

二. 拼音

13.Jiǎngkè

yǒu yìtiān, yǒurén qǐng ā fán tí qù jiǎngkè, ā fán tí zǒu shàng jiǎngtái, shuō:"Wǒ yào jiǎng de nèiróng shì shénme, nǐmen zhīdào ma?"

"Wǒmen bù zhīdào." Tái xià de rén huídá shuō.

Ā fán tí shuō:"Gēn bù zhīdào wǒ yào jiǎng shénme de rén yào shuō shénme ne?"

Shuō wán, ā fán tí jiù líkāile.

Hòulái, ā fán tí yòu bèi qǐngle guòlái, tā zhàn zài jiǎngtái shàng wèn:"Dàjiā zhīdào wǒ yào jiǎng shénme ma?"

Dàjiā lìmǎ huídá dào:"Zhīdào."

Ā fán tí shuō:"Jìrán nǐmen zhīdào wǒ yào jiǎng shénme, wǒ jiù méishénme yào shuō dele."

Shuō wán, ā fán tí yòu zǒule.

Dāng ā fán tí dì sān cì zhàn shàng jiǎngtái shí, yòu wèn le zhīqián nà liǎng gè wèntí.

Zhè shí tái xià yíbàn de rén shuō zhīdào, yíbàn de rén shuō bù zhīdào.

Méi xiǎngdào ā fán tí shuōle jù:"Nàme ràng nà yíbàn zhīdào de rén jiǎng gěi lìng yíbàn bù zhīdào de rén hǎole!" Shuō wán biàn zǒule.

三. 韩语

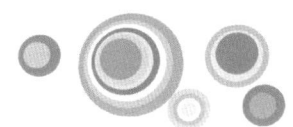

13.강의

어느 날, 어떤 사람이 아판티를 청해서 강의하게 했다. 그는 강단에 올라 "제가 강의하려는 내용이 무엇인지 알고 있나요?"라고 물었다.

"모릅니다." 아래의 사람이 대답했다.

아판티는 "제가 무슨 말을 할지 모르는 사람에게 무슨 말을 해야 합니까"고 물었다.

말을 마치자 마자 아판티가 떠났다.

후에 아판티는 또 초청을 받아 강단에 서서 "제가 무슨 말을 하는지 아십니까?"고 물었다.

그러자 바로 "예"라고 했다.

아판티가 말했다. "제가 무슨 말을 하는지 알면 더 이상 할 말이 없어요."

말을 마치자 마자 또 가버리고 말았다.

아판티가 세번째로 강단에 섰을 때 그는 이전의 두 번과 같이 또 다시 물었다.

이 때 반은 안다고 했고, 반은 모른다고 했다.

그런데 뜻밖에 아판티는 "그럼 아는 사람의 절반이 나머지 모르는 사람 절반에게 알려주면 됩니다."라고 말했다. 말을 마치자 마자 아판티는 또 다시 떠나버렸다.

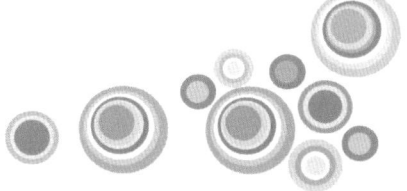

14. 两清

有一天，阿凡提走到一个饭店，一进饭店就看见老板扯着一个穷大汉大喊："你这穷小子，不给钱别想走。"

穷汉也不示弱："你凭什么白要我的钱！"

阿凡提过去问老板究竟是怎么回事，老板说："他在这坐了半天，闻了半天的饭菜味。他还带了个饼，饭菜味全跑到他的饼里去了。他现在吃完饼就想走，你说，我能让他走吗？"

穷汉说："我本来是想来吃饭的，没想到钱不够，只好吃了自己的饼。哪有那种白要钱的道理。"

阿凡提对老板说："让我跟他说，他会把闻味的钱还给你的。"阿凡提转身对穷汉说："你把手里的钱给我，我会让你满意的。"

阿凡提拿着穷汉的钱在老板的耳边晃，问："你听到钱的声音了吗？"

老板激动地说："听到了！听到了！"

接着阿凡提把钱还给了穷汉。

老板生气地问："你凭什么把钱还给他！不给钱别想走！"

阿凡提说："他闻了你饭菜的味，不给钱；你听了他钱的声音，不给钱，你们俩谁也不欠谁。"

老板听了，什么也说不出，只好让穷汉走了。

一. 单词

새 단어	병음	한국어 의미
扯	Chě	찢다
示弱	shìruò	약점을 드러내 보이다
凭什么	píng shénme	무슨 까닭으로
究竟	jiùjìng	과연
怎么回事	zěnme huí shì	어떻게 된 거야
白要	bái yào	공짜로 가지려 하다.
转身	zhuǎnshēn	몸을 돌리다
晃	huàng	흔들다
欠	qiàn	빚지다

二. 拼音

14. Liǎng qīng

yǒu yìtiān, ā fán tí zǒu dào yígè fàndiàn, yí jìn fàndiàn jiù kànjiàn lǎobǎn chězhe yígè qióng dàhàn dà hǎn:"Nǐ zhè qióng xiǎozi, bù gěi qián bié xiǎng zǒu."

Qióng hàn yě bú shìruò:"Nǐ píng shénme bái yào wǒ de qián!"

Ā fán tí guòqù wèn lǎobǎn jiūjìng shì zěnme huí shì, lǎobǎn shuō:"Tā zài zhè zuòle bàntiān, wénle bàntiān de fàncài wèi. Tā hái dàile gè bǐng, fàncài wèi quán pǎo dào tā de bǐng lǐ qùle. Tā xiànzài chī wán bǐng jiù xiǎng zǒu, nǐ shuō, wǒ néng ràng tā zǒu ma?"

Qióng hàn shuō:"Wǒ běnlái shì xiǎnglái chīfàn de, méi xiǎngdào qián búgòu, zhǐ hǎo chīle zìjǐ de bǐng. Nǎ yǒu nà zhǒng bái yào qián de dàolǐ."

Ā fán tí duì lǎobǎn shuō:"Ràng wǒ gēn tā shuō, tā huì bǎ wén wèi de qián huán gěi nǐ de." Ā fán tí zhuǎnshēn duì qióng hàn shuō:"Nǐ bǎshǒu lǐ de qián gěi wǒ, wǒ huì ràng nǐ mǎnyì de."

Ā fán tí názhe qióng hàn de qián zài lǎobǎn de ěr biān huǎng, wèn:"Nǐ tīng dào qián de shēngyīnle ma?"

Lǎobǎn jīdòng de shuō:"Tīng dàole! Tīng dàole!"

Jiēzhe ā fán tí bǎ qián huán gěile qióng hàn.

Lǎobǎn shēngqì de wèn:"Nǐ píng shénme bǎ qián huán gěi tā! Bù gěi qián bié xiǎng zǒu!"

Ā fán tí shuō:"Tā wénle nǐ fàncài de wèi, bù gěi qián; nǐ tīngle tā qián de shēngyīn, bù gěi qián, nǐmen liǎ shéi yě bú qiàn shéi."

Lǎobǎn tīngle, shénme yě shuō bù chū, zhǐhǎo ràng qióng hàn zǒule.

三. 韩语

14.쌍방의 계산이 끝나다

어느 날, 아판티는 식당에 갔다. 그 식당에 들어서자 사장이 가난한 사내를 붙잡고 "이 가난한 놈이 돈을 주지 않으면 갈 수 없어요."라고 외쳤다.

가난뱅이도 약함을 보이지 않았다. "너는 무슨 근거로 내 돈을 달라고 하느냐!"

아판티가 사장을 찾아가 도대체 어떻게 된 일이냐고 묻자 사장은 "그는 반나절 동안 여기에 앉아서 음식 냄새를 반나절 동안 맡았다. 그는 떡을 가지고 왔는데 음식 냄새가 전부 그의 떡 속으로 들어갔다. 지금 그가 떡을 먹고 가려고 하는데 그를 가게 할 수 있겠습니까?"

가난뱅이는 "원래는 음식을 먹고 싶어서 식당에 왔는데 돈이 모자란 줄 몰라서 어쩔 수 없이 떡을 먹었어요. 그냥 돈을 달라고 하는 법이 어디 있어요."라고 말했다.

아판티는 사장에게 "제가 그와 말하게 해주세요. 음식 냄새를 맡은 만큼의 돈을 당신에게 돌려줄 거예요."라고 말했다. 아판티는 몸을 돌려 가난한 사람에게 말했다. "가지고 있는 돈을 저에게 주세요, 제가 이 일을 당신 마음에 들게 할 거예요."

아판티는 가난뱅이의 돈을 들고 사장의 귓전에 흔들면서 "돈 소리를 들었어요?"라고 물었다.

사장이 격하게 말했다. "들었어요!"라고 외쳤다.

이어 아판티는 돈을 가난한 사람에게 돌려주었다.

사장이 화가 나서 물었다. "당신은 왜 그에게 돈을 다시 돌려주십니까! 돈을 주지 않으면 갈 수 없습니다."

아판티는 "그 사람은 당신의 음식 냄새를 맡고 돈을 주지 않았어요. 당신은 그 사람의 돈 소리를 듣고 돈을 주지 않으면 두 사람 모두 서로에게 빚진 것이 없어요."

사장은 그 말을 듣고 아무 말도 할 수 없어서 가난한 사람을 가게 할 수밖에 없었다.

15. 看星星

有一天，一个星象学家想找阿凡提的麻烦，对他说："聪明的阿凡提，你能让我白天看见星星吗？"

阿凡提说："只要你40天不吃有油、有肉和盐的饭，第41天你就能看见星星了。"

星相学家照着阿凡提说的做了。

果然，第41天的时候，他衰弱地一点力气都没有了，一见阿凡提就说："我真的看见星星了，好多星星！不过，我怎么看不见太阳了呢？"

一. 单词

새 단어	병음	한국어 의미
星象学家	Xīngxiàng xué jiā	별을 연구하는 전문가
照着	zhàozhe	비추다
衰弱	shuāiruò	몸이 쇠하여 약하다

二. 拼音

15. Kàn xīngxīng

yǒu yìtiān, yígè xīngxiàng xué jiā xiǎng zhǎo ā fán tí de máfan, duì tā shuō:"Cōngmíng de ā fán tí, nǐ néng ràng wǒ báitiān kànjiàn xīngxīng ma?"

Ā fán tí shuō:"Zhǐyào nǐ 40 tiān bù chī yǒu yóu, yǒu ròu hé yán de fàn, dì 41 tiān nǐ jiù néng kànjiàn xīngxīngle."

Xīngxiàng xué jiā zhàozhe ā fán tí shuō de zuòle.

Guǒrán, dì 41 tiān de shíhòu, tā shuāiruò de yìdiǎn lìqì dōu méiyǒule, yí jiàn ā fán tí jiù shuō:"Wǒ zhēn de kànjiàn xīngxīngle, hǎoduō xīngxīng! búguò, wǒ zěnme kàn bújiàn tàiyángle ne?"

三. 韩语

15.별을 보다

어느 날, 한 성상학자가 아판티를 걸고 넘어지며 그에게 말했다. "총명한 아판티, 당신은 제가 낮에 별을 볼 수 있게 할 수 있나요?"

아판티는 "40일 동안 기름과 고기, 소금이 있는 밥을 먹지 않으면 41일만에 별을 볼 수 있어요."라고 말했다.

성상학자는 아판티가 말한대로 했다.

41일째 되던 날, 그는 쇠약해져 힘이 하나도 없었다. 아판티를 보자마자 이렇게 말했다. "제가 정말로 별을 봐요. 별이 너무 많아요. 그런데 왜 해를 볼 수 없나요?"

16. 谁比较有钱

从前有个财主仗着自己有钱就欺负穷人，他定了一个规矩：穷人见了他必须向他行礼，否则就要挨一顿鞭子。

有一天，阿凡提从他的身边经过，却没有向他行礼。财主很生气，问："你为什么不向我行礼！"

阿凡提疑惑地问："我为什么要向你行礼？"

财主说："因为我很富有，你不向我行礼，我就拿鞭子抽你！"

阿凡提不理他，一动不动地站在那儿。

围观的人也越来越多，财主有些心虚，就对阿凡提说："要不我给你50块钱，你向我行个礼吧！"

阿凡提接过钱，对财主说："现在我也有50块钱，和你一样，我为什么要向你行礼？"

这时，财主又急又气，说："我把我剩下的50块钱也给你，你可以向我行个礼了吧！"

阿凡提接过50块钱，然后一本正经地说："现在我有100块钱了，你却一分钱也没有，现在你向我行礼吧！"

财主傻了眼，一动不动地站在原地。

 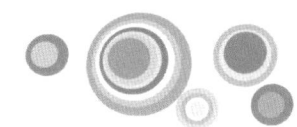

梦想中国语　阅读

一. 单词

새 단어	병음	한국어 의미
仗着	Zhàngzhe	에 의하다
欺负	qīfù	괴롭히다
行礼	xínglǐ	인사하다
挨一顿鞭子	āi yí dùn biānzi	채찍질을 맞다
疑惑	yíhuò	의심하다
抽	chōu	휘두르다
理	lǐ	대답하다
围观	wéiguān	둘러싸고 구경하다
心虚	xīnxū	심허하다
一本正经	yìběnzhèngjīng	태도가 단정하다
一动不动	yídòng búdòng	움직이지 않다

二. 拼音

16. Shéi bǐjiào yǒu qián

cóngqián yǒu gè cáizhǔ zhàngzhe zìjǐ yǒu qián jiù qīfù qióngrén, tā dìngle yígè guījǔ: Qióngrén jiànle tā bìxū xiàng tā xínglǐ, fǒuzé jiù yào āi yí dùn biānzi.

Yǒu yìtiān, ā fán tí cóng tā de shēnbiān jīngguò, què méiyǒu xiàng tā xínglǐ. Cáizhǔ hěn shēngqì, wèn:"Nǐ wèishéme bú xiàng wǒ xínglǐ!"

Ā fán tí yíhuò de wèn:"Wǒ wèishéme yào xiàng nǐ xínglǐ?"

Cáizhǔ shuō:"Yīnwèi wǒ hěn fùyǒu, nǐ bú xiàng wǒ xínglǐ, wǒ jiù ná biānzi chōu nǐ!"

Ā fán tí bù lǐ tā, yí dòng búdòng de zhàn zài nà'er.

Wéiguān de rén yě yuè lái yuè duō, cáizhǔ yǒuxiē xīnxū, jiù duì ā fán tí shuō:"Yào bù wǒ gěi nǐ 50

kuài qián, nǐ xiàng wǒ xíng gè lǐ ba!"

Ā fán tí jiēguò qián, duì cáizhǔ shuō:"Xiànzài wǒ yěyǒu 50 kuài qián, hé nǐ yíyàng, wǒ wèishéme yào xiàng nǐ xínglǐ?"

Zhè shí, cáizhǔ yòu jí yòu qì, shuō:"Wǒ bǎ wǒ shèng xià de 50 kuài qián yě gěi nǐ, nǐ kěyǐ xiàng wǒ xíng gè lǐle ba!"

Ā fán tí jiēguò 50 kuài qián, ránhòu yīběnzhèngjīng de shuō:"Xiànzài wǒ yǒu 100 kuài qiánle, nǐ què yì fēn qián yě méiyǒu, xiànzài nǐ xiàng wǒ xínglǐ ba!"

Cáizhǔ shǎle yǎn, yí dòng búdòng de zhàn zàiyuán dì.

三. 韩语

16. 누가 돈이 더 많은가?

옛날에 어떤 부자는 돈이 있다고 하여 가난한 사람을 업신여겼다. 그는 가난한 사람이 그를 보면 그에게 인사를 해야 하고 그렇지 않으면 채찍질을 한다는 규칙을 정했다.

어느 날, 아판티는 그의 곁을 지나쳤지만 인사를 하지 않았다.

부자는 화가 나서 "너는 왜 나에게 인사하지 않느냐!"라고 물었다.

아판티는 의아하게 물었다. "제가 왜 당신에게 인사해야 하나요?"

부자는 말했다. "내가 매우 부유해서 네가 나에게 인사하지 않으면 너를 채찍질할 거다."

아판티는 그를 거들떠보지도 않고 그대로 서 있었다.

구경하는 사람들이 점점 많아지자 부자는 마음이 약해져서 아판티에게 말했다. "내

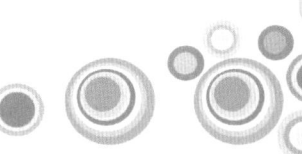

 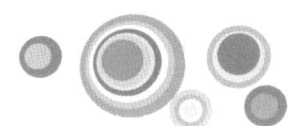

가 50원을 줄 테니 나에게 인사해 줘."

돈을 받은 아판티는 부자에게 말했다. "당신과 마찬가지로 지금 저에게도 50원이 있는데 제가 왜 당신에게 인사해야 하나요?"

그러자 부자는 급하여 화를 내며 말했다. "내가 나머지 50원마저 당신에게 줄 테니까 인사를 좀 해 줘."

아판티는 50원을 받은 후 엄숙하게 말했다. "지금 저에게는 100원이 있는데 당신은 돈이 하나도 없으니 당신이 저에게 인사해야 해요."

부자는 눈이 휘둥그레져서 꼼짝도 하지 못하고 그 자리에 서 있었다.

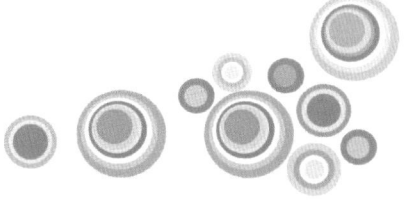

17. 理发匠

阿凡提还是理发师的时候，有一个青年每次来他这儿剃头发都不付钱，阿凡提很生气，想好好教训他一番。

这一天，阿凡提来到店里，给他剃了光头。

要给他刮脸的时候，阿凡提问道："您要眉毛吗？"

小青年说："当然要！"

阿凡提二话不说嗖嗖几下就把青年的眉毛刮下来，递到了他的面前。

小青年被气得说不出话。

阿凡提又问："要胡子吗？"

小青年连忙回答："不要！不要！"

阿凡提说："不要就不要。"

阿凡提嗖嗖几下就把小青年的胡子刮了下来。

最后，小青年对着镜子一看，发现自己的脑袋光溜溜地像个鸡蛋。

一. 单词

새 단어	병음	한국어 의미
付钱	Fù qián	돈을 결산하다

教训	jiàoxùn	훈나다
一番	yì fān	한바탕
剃了光头	tìle guāngtóu	맨머리를 자르다
二话不说	èrhuà bù shuō	딴소리를 하지 않다
递	dì	넘겨주다
光溜溜	guāng liūliū	미끄러운 모양

二. 拼音

17. Lǐfà jiàng

ā fán tí háishì lǐfà shī de shíhòu, yǒu yígè qīngnián měi cì lái tā zhè'er tìtóu fà dōu bú fù qián, ā fán tí hěn shēngqì, xiǎng hǎohǎo jiàoxùn tā yì fān.

Zhè yìtiān, ā fán tí lái dào diàn lǐ, gěi tā tìle guāngtóu.

Yào gěi tā guāliǎn de shíhòu, ā fán tí wèn dào:"Nín yào méimáo ma?"

Xiǎoqīngnián shuō:"Dāngrán yào!"

Ā fán tí èrhuà bù shuō sōu sōu jǐ xià jiù bǎ qīngnián de méimáo guā xiàlái, dì dàole tā de miànqián.

Xiǎoqīngnián bèi qì de shuō bù chū huà.

Ā fán tí yòu wèn:"Yào húzi ma?"

Xiǎoqīngnián liánmáng huídá:"búyào! búyào!"

Ā fán tí shuō:"búyào jiù búyào."

Ā fán tí sōu sōu jǐ xià jiù bǎ xiǎoqīngnián de húzi guāle xiàlái.

Zuìhòu, xiǎoqīngnián duìzhe jìngzi yí kàn, fāxiàn zìjǐ de nǎodai guāng liūliū de xiàng gè jīdàn.

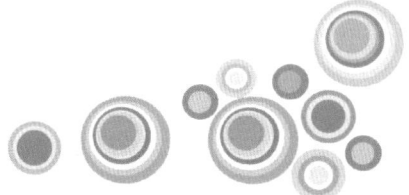

三. 韩语

17. 이발사

아판티가 이발사였을 때 한 청년이 매번 이발비를 내지 않았다. 아판티는 화가 나서 그를 한바탕 훈계하려고 했다.

어느 날, 아판티는 가게에 와서 그의 머리를 빡빡 깎아주었다.

그는 면도를 할 때 "눈썹도 면도해요?"라고 물었다.

청년이 말했다. "당연하지요!"

아판티는 말없이 청년의 눈썹을 뽑더니 그의 눈앞에 가져다주었다.

젊은 청년이 화가 나서 말을 할 수 없었다.

아판티는 또 물었다. "수염도 면도해요?"

청년은 "아니요! 하지 마세요."라고 말했다.

아판티는 "필요 없으면 그대로 하겠어요."라고 말했다. 젊은 청년의 수염을 깎았다.

마지막으로 청년이 거울을 보았더니 청년의 머리가 계란처럼 번들번들했다.

18. 最大的快乐

有一天，财主库尔勒对阿凡提说："聪明的阿凡提，你能告诉我在哪能买到最大的快乐吗？"

阿凡提问："你为什么要买这个呢？"

库尔勒回答道："因为我很有钱，可是我很不快乐，要是谁能让我体验一次快乐，哪怕是一瞬间的快乐，我就愿意把所有的财产送给他。"

阿凡提说："我有办法，但是价格昂贵，你准备了多少钱，让我看看。"

库尔勒拿出一整袋钻石给阿凡提看，没想到阿凡提拿着钻石就跑了。

库尔勒大吃一惊，连忙喊道："抢劫啦！救命啦！"

他急忙跑过去追阿凡提，他跑了很远的路，跑得满头大汗，浑身发热，也没有看见阿凡提，他跪在悬崖边痛哭，正当他哭得伤心的时候，在灌木丛旁发现了钻石。

那一瞬间，他感到了无比的快乐。

正当他开心的时候，阿凡提走到他的身边，问他："刚刚你找回钻石的时候是不是体验到了最大的快乐？"

"是呀！刚刚我体验了最大的快乐。"

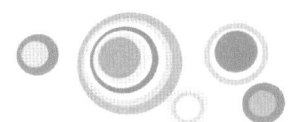

梦想中国语 阅读

一. 单词

새 단어	병음	한국어 의미
体验	Tǐyàn	체험하다
瞬间	shùnjiān	순간
昂贵	ángguì	비싸다
钻石	zuànshí	다이아몬드
抢劫	qiǎngjié	약탈하다
悬崖	xuányá	현애, 벼랑
灌木丛	guànmù cóng	관목 숲
无比	wúbǐ	아주 뛰어나다

二. 拼音

18. Zuìdà de kuàilè

yǒu yìtiān, cáizhǔ kù'ěrlèduì ā fán tí shuō:"Cōngmíng de ā fán tí, nǐ néng gàosù wǒ zài nǎ néng mǎi dào zuìdà de kuàilè ma?"

Ā fán tí wèn:"Nǐ wèishéme yāomǎi zhège ne?"

Kù'ěrlè huídá dào:"Yīnwèi wǒ hěn yǒu qián, kěshì wǒ hěn bú kuàilè, yàoshi shéi néng ràng wǒ tǐyàn yícì kuàilè, nǎpà shì yí shùnjiān de kuàilè, wǒ jiù yuànyì bǎ suǒyǒu de cáichǎn sòng gěi tā."

Ā fán tí shuō:"Wǒ yǒu bànfǎ, dànshì jiàgé ángguì, nǐ zhǔnbèile duōshǎo qián, ràng wǒ kàn kàn."

Kù'ěrlè ná chū yì zhěng dài zuànshí gěi ā fán tí kàn, méi xiǎngdào ā fán tí názhe zuànshí jiù pǎole.

Kù'ěrlè dàchīyìjīng, liánmáng hǎn dào:"Qiǎngjié la! Jiùmìng la!"

Tā jímáng pǎo guòqù zhuī ā fán tí, tā pǎole hěn yuǎn de lù, pǎo de mǎn tóu dà hàn, húnshēn fārè, yě méiyǒu kànjiàn ā fán tí, tā guì zài xuányá biān tòngkū, zhèngdāng tā kū de shāngxīn de shíhòu, zài

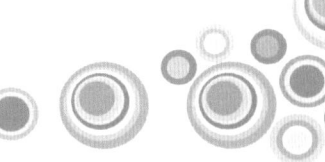

guànmù cóng páng fāxiànle zuànshí.

Nà yí shùnjiān, tā gǎn dào le wúbǐ de kuàilè.

Zhèngdāng tā kāixīn de shíhòu, ā fán tí zǒu dào tā de shēnbiān, wèn tā:"Gānggāng nǐ zhǎo huí zuànshí de shíhòu shì búshì tǐyàn dàole zuìdà de kuàilè?"

"Shì ya! Gānggāng wǒ tǐyànle zuìdà de kuàilè."

三. 韩语

18.가장 큰 즐거움

어느 날, 부자인 쿠얼러는 아판티에게 말했다. "총명한 아판티님, 저에게 어디에서 가장 큰 즐거움을 살 수 있는지 알려 줄 수 있어요?

아판티가 물었다. "당신은 왜 이걸 사려고 하나요?"

쿠얼러는 "저는 돈이 많지만 즐겁지 않아요. 만약 저에게 즐거움을 한 번 체험하게 해 줄 사람이 있다면 단 한순간의 즐거움이라도, 저는 모든 재산을 그에게 주겠어요."라고 대답했다.

아판티는 "방법이 있지만 가격이 너무 비싸요. 얼마나 준비했는지 보여주세요."라고 말했다.

쿠얼러는 다이아몬드 한 봉지를 꺼내서 아판티에게 보여주었는데 갑자기 아판티가 다이아몬드를 들고 도망쳐버렸다.

쿠얼러는 놀라서 "강탈이야! 살려주세요."

그는 급히 아판티를 쫓아갔다. 그는 아주 먼 길을 달려가서 땀투성이가 되고 온몸이 열까지 나는데도 아판티를 보지 못했다. 그는 낭떠러지 가에 꿇어 앉아 통곡했는데 그가 슬프게 울고 있을 때 관목 옆에서 다이아몬드를 발견했다.

그 순간 그는 엄청난 즐거움을 느꼈다.

그가 즐거워하고 있었을 때, 아판티는 그 옆에 가서 그에게 물었다. "당신이 다이아몬드를 막 찾았을 때 가장 큰 즐거움을 체험했죠?"

"그래요! 방금 전 가장 큰 즐거움을 느꼈어요."

19.吃西瓜皮

有一天，国王请阿凡提和一些大臣到皇宫吃西瓜。

一位大臣想戏弄阿凡提，他偷偷把吃剩的西瓜皮都放在阿凡提旁边，离开的时候，大臣突然对阿凡提说："阿凡提，你是不是很久没吃东西了，怎么吃了这么多？"

阿凡提不紧不慢地说："尊敬的大人，我吃的多没什么，可是您怎么连西瓜皮都吃了？"

大家发现这位大臣身边一块西瓜皮都没有，顿时满堂大笑。

一. 单词

새 단어	병음	한국어 의미
戏弄	Xìnòng	놀리다
偷偷	tōutōu	몰래
不紧不慢	bù jǐn bú màn	급히 서두르지도 않고 너무 여유를 부리지도 않다
满堂大笑	mǎntáng dà xiào	크게 웃다

二. 拼音

19.Chī xīguā pí

yǒu yìtiān, guówáng qǐng ā fán tí hé yìxiē dàchén dào huánggōng chī xīguā.

Yí wèi dàchén xiǎng xìnòng ā fán tí, tā tōutōu bǎ chī shèng de xīguā pí dōu fàng zài ā fán tí pángbiān, líkāi de shíhòu, dàchén tūrán duì ā fán tí shuō:"Ā fán tí, nǐ shì búshì hěnjiǔ méi chī dōngxile, zěnme chīle zhème duō?"

Ā fán tí bù jǐn bú màn de shuō:"Zūnjìng de dàren, wǒ chī de duō méishénme, kěshì nín zěnme lián xīguā pí dōu chīle?"

Dàjiā fāxiàn zhè wèi dàchén shēnbiān yíkuài xīguā pí dōu méiyǒu, dùnshí mǎntáng dà xiào.

三. 韩语

19.수박 껍질을 먹다.

어느 날, 국왕은 아판티와 일부 대신들을 청해 황궁에 가서 수박을 먹게 했다.

한 대신이 아판티를 놀리려고 하였다. 그는 몰래 먹다 남은 수박 껍질을 다 아판티의 옆에 놓아두었다. 그가 떠날 때 그는 갑자기 아판티에게 "아판티, 너 음식을 안 먹은 지 오래되었지? 왜 이렇게 많이 먹었어?"라고 말했다.

아판티는 "존경하는 대인님, 제가 많이 먹은 것은 별일이 아닌데 대인님은 어떻게 수박 껍질까지 드셨어요?"

사람들은 대신 곁에 수박 껍질이 하나도 없다는 것을 알고 모두 웃음을 터뜨렸다.

20. 熟鸡蛋

有一天，一个穷人找到阿凡提说："我去年向巴依老爷借了一个熟鸡蛋，今年却要我还300个鸡蛋。理由是蛋会孵鸡，鸡会生蛋。"

阿凡提和穷人一起告到了法官那里。审判的时候，阿凡提来得很晚，法官问阿凡提："你怎么现在才来？"

阿凡提说："我在家炒小麦，准备种麦子。"

法官听了哈哈大笑："炒熟的麦子怎么会长出小麦来呢？"

阿凡提回答道："那熟鸡蛋怎么会孵出小鸡呢？"

一. 单词

새 단어	병음	한국어 의미
熟鸡蛋	Shú jīdàn	숙란, 익은 계란
孵	fū	알을 까다, 부화하다
告	gào	고발하다
审判	shěnpàn	심판하다
炒熟	chǎo shú	볶다

二. 拼音

20.Shú jīdàn

yǒu yìtiān, yígè qióngrén zhǎodào ā fán tí shuō:"Wǒ qùnián xiàng bā yī lǎoyé jièle yígè shú jīdàn, jīnnián què yào wǒ huán 300 gè jīdàn. Lǐyóu shì dàn huì fū jī, jī huì shēng dàn."

Ā fán tí hé qióngrén yìqǐ gào dàole fǎguān nàlǐ. Shěnpàn de shíhòu, ā fán tí láide hěn wǎn, fǎguān wèn ā fán tí:"Nǐ zěnme xiànzài cái lái?"

Ā fán tí shuō:"Wǒ zàijiā chǎo xiǎomài, zhǔnbèi zhòng màizi."

Fǎguān tīngle hāhā dà xiào:"Chǎo shú de màizi zěnme huì zhǎng chū xiǎomài lái ne?"

Ā fán tí huídá dào:"Nà shú jīdàn zěnme huì fū chū xiǎo jī ne?"

三. 韩语

20.삶은 계란

어느 날, 가난한 사람이 아판티를 찾아와 말했다. "저는 작년에 바이님한테서 삶은 계란 하나를 빌렸는데 올해에 계란 300개를 갚으라고 해요. 그 이유는 계란이 닭을 깔 수 있고 닭이 계란을 낳을 수 있기 때문이라고 합니다."

아판티는 그와 함께 법관으로 가 고소했다. 재판을 할 때 아판티는 아주 늦게 왔다. 법관은 아판티에게 "당신은 왜 이제 왔나요?"라고 물었다.

아판티는 "밀을 심으려고 집에서 밀을 볶았어요."라고 말했다.

그러자 법관은 "잘 볶아진 밀에서 어떻게 밀이 자랄 수 있어요?"라고 하며 크게 웃었다.

아판티는 "그럼 삶은 계란에서 어떻게 병아리가 나오나요?"라고 대답했다.

21.想什么

有一次，阿凡提对一个朋友说："我能猜出你心里在想什么，你相信吗？"

朋友说："那你猜猜吧，我现在在想什么？"

阿凡提说："你正在想：我能不能猜出你在想什么。"

一．单词

새 단어	병음	한국어 의미
猜出	Cāi chū	알아맞히다

二．拼音

21.Xiǎng shénme

yǒu yícì, ā fán tí duì yígè péngyǒu shuō:"Wǒ néng cāi chū nǐ xīnlǐ zài xiǎng shénme, nǐ xiāngxìn ma?"

Péngyǒu shuō:"Nà nǐ cāi cai ba, wǒ xiànzài zài xiǎng shénme?"

Ā fán tí shuō:"Nǐ zhèngzài xiǎng: Wǒ néng bùnéng cāi chū nǐ zài xiǎng shénme."

三．韩语

21.무슨 생각을 하는가

한번은 아판티가 한 친구에게 "내가 너의 마음속에서 무슨 생각을 하는지 짐작할 수 있는 데 나를 믿니?"라고 물었다.

친구가 말했다. "내가 지금 무엇을 생각하고 있는지 맞춰봐."

아판티는 이렇게 말했다. "너는 지금 내가 너의 생각을 짐작할 수 있는지에 대해 생각하고 있어."

22.多少个朋友

阿凡提做村长的时候，经常有很多人来他家。

邻居问他："你家整天人来人往的，你到底有多少朋友？"

阿凡提说："现在我还不知道，等我不当村长了，再告诉你吧。"

一．单词

새 단어	병음	한국어 의미
整天	Zhěng tiān	하루 종일
到底	dàodǐ	도저히

二．拼音

22. Duōshǎo gè péngyǒu

ā fán tí zuò cūn zhǎng de shíhòu, jīngcháng yǒu hěnduō rén lái tā jiā.

Línjū wèn tā:"Nǐ jiā zhěng tiān rén lái rén wǎng de, nǐ dàodǐ yǒu duōshǎo péngyǒu?"

Ā fán tí shuō:"Xiànzài wǒ hái bù zhīdào, děng wǒ bùdāng cūn zhǎngle, zài gàosùnǐ ba."

三．韩语

22. 친구가 얼마나 있는가?

아판티가 촌장으로 있을 때 그의 집에는 늘 많은 사람들이 찾아왔다.

이웃은 "당신의 집에는 하루 종일 사람들이 오고 가는데 도대체 친구가 얼마나 있어요?"라고 물었다.

아판티는 "아직 몰라요. 내가 촌장이 아닐 때가 되면 알려줄게요."라고 말했다.

23. 抓老鼠

有一天，一个人对阿凡提说："昨晚我睡得正香的时候，一只老鼠从我嘴巴钻进肚子里去了，请你救救我。"

阿凡提说："这太简单了，快去抓只猫来，我让猫把你肚子里的老鼠抓出来。"

一．单词

새 단어	병음	한국어 의미
香	Xiāng	향기롭다, 냄새가 좋다
钻	zuān	뚫다
救	jiù	구하다
抓	zhuā	잡다

二．拼音

23. Zhuā lǎoshǔ

yǒu yì tiān, yígè rén duì ā fán tí shuō:"Zuó wǎn wǒ shuì de zhèngxiāng de shíhòu, yì zhī lǎoshǔ cóng wǒ zuǐbā zuān jìn dùzi lǐ qùle, qǐng nǐ jiù jiù wǒ."

Ā fán tí shuō:"Zhè tài jiǎndānle, kuài qù zhuā zhī māo lái, wǒ ràng māo bǎ nǐ dùzi lǐ de lǎoshǔ zhuā chūlái."

三．韩语

23.쥐를 잡다

어느 날, 한 사람이 아판티에게 말했다. "어제 밤에 제가 아주 곤히 자고 있을 때 쥐 한 마리가 제 입을 통해 배 속으로 들어갔어요. 절 좀 구해 주세요."

아판티는 말했다. "이건 너무 간단해요. 빨리 고양이 한 마리를 잡아 고양이에게 당신 뱃속의 쥐를 잡으라고 해요."

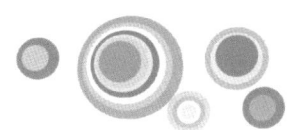

24.兔子的兔子的汤

有一次,阿凡提的邻居送给了他一只兔子,阿凡提就让邻居留下来喝兔子汤。

没过多久,阿凡提的家里来了个陌生人,说自己是上次那位邻居的邻居,还说起了之前的那只兔子,阿凡提没办法,只好也请他喝了兔子汤。

过了不久,又有一群陌生人来到阿凡提的家里,都说自己是上次那位邻居的邻居的邻居,但这次阿凡提只端了一锅开水给他们,说这是兔子的兔子的汤,这些人看到这锅开水就立马走了。

之后再也没有这样的人到阿凡提家了。

一. 单词

새 단어	병음	한국어 의미
兔子	Tùzǐ	도끼
陌生人	mòshēng rén	낯선 사람
端	duān	들다
开水	kāishuǐ	끓는 물

二. 拼音

24. Tùzǐ de tùzǐ de tāng

yǒu yícì, ā fán tí de línjū sòng gěile tā yì zhī tùzǐ, ā fán tí jiù ràng línjū liú xiàlái hē tùzǐ tāng.

Méiguò duōjiǔ, ā fán tí de jiālǐ láile gè mòshēng rén, shuō zìjǐ shì shàng cì nà wèi línjū de línjū, hái shuō qǐ le zhīqián de nà zhī tùzǐ, ā fán tí méi bànfǎ, zhǐhǎo yě qǐng tā hēle tùzǐ tāng.

Guò le bùjiǔ, yòu yǒu yìqún mòshēng rén lái dào ā fán tí de jiālǐ, dōu shuō zìjǐ shì shàng cì nà wèi línjū de línjū de línjū, dàn zhè cì ā fán tí zhǐ duānle yì guō kāishuǐ gěi tāmen, shuō zhè shì tùzǐ de tùzǐ de tāng, zhèxiē rén kàn dào zhè guō kāishuǐ jiù lìmǎ zǒule.

Zhīhòu zài yě méiyǒu zhèyàng de rén dào ā fán tí jiāle.

三. 韩语

24. 토끼의 토끼의 탕

한 번은 아판티의 이웃이 그에게 토끼 한 마리를 보내주었는데 그는 이웃더러 남아서 토끼탕을 마시게 했다.

얼마 후 아판티의 집에 낯선 사람이 찾아왔다. 그는 자기가 지난 번에 그 이웃의 이웃이라고 하면서 그 전의 그 토끼에 대해 이야기했다. 아판티는 할 수 없이 그에게 탕을 만들어 주었다.

또 얼마 후, 한 무리의 낯선 사람들이 아판티의 집에 찾아와 모두 자신이 저번 그 이웃의 이웃의 이웃이라고 말했다. 그런데 이번에는 아판티가 끓인 물을 한 솥 들고 왔는데 이게 바로 토끼의 토끼탕이라고 말했다. 사람들은 솥의 뜨거운 물을 보자 마자 바로 떠났다.

그 후 다시는 그런 사람들이 아판티 집에 오지 않았다.

25. 能算脑袋吗

阿凡提戴着一顶破旧的帽子走在街上，财主看见了嘲笑他说："阿凡提，你脑袋上戴的是什么？能算帽子吗？"

阿凡提反问道："财主，你帽子下面的是什么？能算脑袋吗？"

一．单词

새 단어	병음	한국어 의미
破旧	Pòjiù	낡다
算	suàn	셈
反问	fǎnwèn	반문하다
脑袋	nǎodai	머리, 뇌

二．拼音

25. Néng suàn nǎodai ma

ā fán tí dàizhe yì dǐng pòjiù de màozi zǒu zài jiē shàng, cáizhǔ kànjiànle cháoxiào tā shuō:"Ā fán tí, nǐ nǎodai shàng dài de shì shénme? Néng suàn màozi ma?"

Ā fán tí fǎnwèn dào:"Cáizhǔ, nǐ màozi xiàmiàn de shì shénme? Néng suàn nǎodai ma?"

三．韩语

25. 머리라고 할 수 있는가?

아판티가 낡은 모자를 쓰고 길을 걸었을 때 부자는 그를 보고 "아판티, 당신의 머리 위에 쓴 것은 무엇입니까? 모자라고 할 수 있나요?"라고 질문했다.

아판티는 "부자님, 당신의 모자 밑에 있는 것은 무엇입니까? 머리라고 할 수 있나요?"라고 되물었다.

26.法官与智慧

有一天，有人告诉阿凡提："村里的法官失去了智慧，傻了。"

阿凡提听了，想了很久。那个人问阿凡提："你在想什么？"

阿凡提说："我在想，法官本来就是个没有智慧的人，哪来的智慧可以失去呢？"

一. 单词

새 단어	병음	한국어 의미
傻了	Shǎle	바보가 되다
失去	shīqù	잃어버리다

二. 拼音

26. Fǎguān yǔ zhìhuì

yǒu yìtiān, yǒurén gàosù ā fán tí:"Cūnlǐ de fǎguān shīqùle zhìhuì, shǎle."

Ā fán tí tīngle, xiǎngle hěnjiǔ. Nàgè rén wèn ā fán tí:"Nǐ zài xiǎng shénme?"

Ā fán tí shuō:"Wǒ zài xiǎng, fǎguān běnlái jiùshì gè méiyǒu zhìhuì de rén, nǎ lái de zhìhuì kěyǐ shīqù ne?"

三. 韩语

26.법관과 지혜

어느 날, 어떤 사람이 아판티에게 말하였다. "마을의 법관은 지혜를 잃어버려서 멍청해졌어요."

아판티는 이 말을 듣고 오래동안 생각했다. 그 사람이 아판티에게 물었다. "무슨 생각을 하고 있어요?"

아판티는 "법관은 원래 지혜가 없는 사람인데 어떻게 그 지혜를 잃어버릴 수 있겠습니까?"라고 말했다.

27. 我不是兽医

有一天，一个人找到阿凡提，说："阿凡提，有人说我讲话像只狐狸，馋的时候像一只猫，饿的时候像一只狗，背像一只蝎子。您说我还有得治吗？"

阿凡提回答说："我不是兽医，你还是去找兽医看吧。"

一. 单词

새 단어	병음	한국어 의미
蝎子	Xiēzi	전갈
有得治	yǒu de zhì	치료할 수 있다
兽医	shòuyī	수의사

二. 拼音

27. Wǒ bùshì shòuyī

yǒu yìtiān, yígè rén zhǎodào ā fán tí, shuō:"Ā fán tí, yǒurén shuō wǒ jiǎnghuà xiàng zhī húli, chán de shíhòu xiàng yì zhī māo, è de shíhòu xiàng yì zhī gǒu, bèi xiàng yì zhī xiēzi. Nín shuō wǒ hái yǒu de zhì ma?"

Ā fán tí huídá shuō:"Wǒ búshì shòuyī, nǐ háishì qù zhǎo shòuyī kàn ba."

三. 韩语

27.저는 수의사가 아닙니다

어느 날 한 사람이 아판티를 찾아와 말했다. "아판티, 어떤 사람은 제가 말을 할 때 여우 같고 먹고 싶을 때는 고양이 같고, 배가 고플 때는 개 같고 등이 전갈같이 보인다고 했습니다. 제가 치료받을 만한 것이 있나요?"

아판티는 "나는 수의사가 아니니 수의사를 찾아가 보세요."라고 대답했다.

28.如果你不当小偷

一个爱偷东西的人对阿凡提说:"阿凡提,太阳好还是月亮好?"

阿凡提回答说:"当然是太阳好。"

那个人又问:"那月亮呢?"

阿凡提回答说:"如果你不当小偷,月亮也不错。"

一.单词

새 단어	병음	한국어 의미
偷东西	Tōu dōngxī	물건을 훔치다
当	dāng	되다

二.拼音

28. Rúguǒ nǐ bùdāng xiǎotōu

yígè ài tōu dōngxī de rén duì ā fán tí shuō:"Ā fán tí, tàiyáng hǎo hái shì yuèliàng hǎo?"

Ā fán tí huídá shuō:"Dāngrán shì tàiyáng hǎo."

Nàgè rén yòu wèn:"Nà yuèliàng ne?"

Ā fán tí huídá shuō:"Rúguǒ nǐ bùdāng xiǎotōu, yuèliàng yě búcuò."

三. 韩语

28. 만약 당신이 도둑이 아니라면

물건을 훔치기 좋아하는 사람이 아판티에게 말했다. "아판티, 해가 좋아요? 아니면 달이 좋아요?"

아판티는 "당연히 해가 좋아요."라고 대답했다.

그 사람이 또 물었다. "달은요?"

아판티는 "만약 당신이 도둑이 아니라면 달도 괜찮아요."라고 대답했다.

29. 法官的智慧

阿凡提还在给法官当马夫的时候，有个人问阿凡提："阿凡提，法官的头为什么那么小，肚子为什么这么大？"

阿凡提回答说："我的主人从来都不走路，干什么都要骑马，长期在马背上颠来颠去，所以把脑袋里的智慧都颠到肚子里去了。"

一. 单词

새 단어	병음	한국어 의미
马夫	Mǎfū	마부, 마차꾼
长期	chángqī	오랫동안
颠来颠去	diān lái diān qù	엎드러지다

二. 拼音

29. Fǎguān de zhìhuì

ā fán tí hái zài gěi fǎguān dāng mǎfū de shíhòu, yǒu gèrén wèn ā fán tí:"Ā fán tí, fǎguān de tóu wèishéme nàme xiǎo, dùzi wèishéme zhème dà?"

Ā fán tí huídá shuō:"Wǒ de zhǔrén cónglái dōu bù zǒulù, gànshénme dōu yào qímǎ, chángqī zài mǎ bèi shàng diān lái diān qù, suǒyǐ bǎ nǎodai lǐ de zhìhuì dōu diān dào dùzi lǐ qùle."

三. 韩语

29. 법관의 지혜

아판티가 법관의 마부를 담당하고 있었을 때 어떤 사람이 아판티에게 물었다. "아판티, 법관의 머리는 왜 이렇게 작은데 배는 왜 이렇게 커요?"

아판티는 "저의 주인은 지금까지 길을 걷지 않고 무슨 일을 하든지 말을 타고, 오랫동안 말 위에서 흔들거리니 뱃속에서 모든 지혜가 다 빠졌어요."라고 대답했다.

30.魔鬼的模样

有一天，一个狡猾的人问阿凡提："听说您与魔鬼有来往，魔鬼到底是什么样子的？"

阿凡提回答说："你问我魔鬼长什么样子，还不如晚上回家照照镜子，照镜子的时候，你就知道魔鬼长什么样了。"

一．单词

새 단어	병음	한국어 의미
狡猾	Jiǎohuá	교활하다
有来往	yǒu láiwǎng	왕래 있다
魔鬼	móguǐ	악마
还不如	hái bùrú	차라리

二．拼音

30. Móguǐ de múyàng

yǒu yì tiān, yí gè jiǎohuá de rén wèn ā fán tí:"Tīng shuō nín yǔ móguǐ yǒu láiwǎng, móguǐ dàodǐ shì shénme yàngzi de?"

Ā fán tí huídá shuō:"Nǐ wèn wǒ móguǐ zhǎng shénme yàngzi, hái bùrú wǎnshàng huí jiā zhào zhào jìngzi, zhào jìngzi de shíhòu, nǐ jiù zhīdào móguǐ zhǎng shénme yàngle."

三. 韩语

30. 악마의 모습

어느 날, 교활한 사람이 아판티에게 물었다. "당신이 악마와 왕래했다 던데, 악마는 도대체 어떤 모습인가요?"

아판티는 "악마가 어떻게 생겼는지 물으면 밤에 집에 돌아가서 거울을 보면 돼요. 그럼 악마가 어떻게 생겼는지 알게 돼요."

31. 金子和真理

有一天，国王问阿凡提："摆在你面前的有金子和真理，你会选哪一个？"

阿凡提回答说："我会选金子。"

国王说："你真傻，金子是能找到的，而真理却不能，如果我是你，就会选真理。"

阿凡提说："您说的对，缺什么就会需要什么，我需要金子，您需要真理，我们都是各取所需。"

一. 单词

새 단어	병음	한국어 의미
摆	Bǎi	진열하다
缺	quē	부족하다
各取所需	gè qǔ suǒ xū	각자 필요한 만큼 가지다

二. 拼音

31. Jīnzi hé zhēnlǐ

yǒu yìtiān, guówáng wèn ā fán tí:"Bǎi zài nǐ miànqián de yǒu jīnzi hé zhēnlǐ, nǐ huì xuǎn nǎ yígè?"

Ā fán tí huídá shuō:"Wǒ huì xuǎn jīnzi."

Guówáng shuō:"Nǐ zhēn shǎ, jīnzi shì néng zhǎodào de, ér zhēnlǐ què bùnéng, rúguǒ wǒ shì nǐ, jiù huì xuǎn zhēnlǐ."

Ā fán tí shuō:"Nín shuō de duì, quē shénme jiù huì xūyào shénme, wǒ xūyào jīnzi, nín xūyào zhēnlǐ, wǒmen dōu shì gè qǔ suǒ xū."

三. 韩语

31.금과 진리

어느 날 국왕이 아판티에게 물었다. "네 앞에는 금과 진리가 있는데 어느 것을 선택하겠느냐?"

아판티는 금을 선택하겠다고 대답했다.

국왕은 말했다. "너는 정말 멍청하구나, 금은 찾을 수 있지만 진리는 찾을 수 없다. 내가 너라면 진리를 선택할 것이야."

아판티는 "폐하의 말이 맞습니다. 없는 것이 필요한 것입니다. 저는 금이 필요한데 폐하는 진리가 필요합니다. 우리는 모두 자신이 필요한 것을 얻습니다."고 말했다.

32.昂贵的鸡蛋

有一天，国王来到了阿凡提的茶馆，他和五位随从每个人都吃了一份鸡蛋，走的时候问阿凡提："我们应该付给你多少钱？"

阿凡提回答说："陛下，请您给我一千枚金币吧。"

国王惊讶地问："你这的鸡蛋为什么这么昂贵？"

阿凡提回答道："陛下，不是鸡蛋贵，是您的身价贵。鸡蛋贵了，才能配得上您。"

一. 单词

새 단어	병음	한국어 의미
随从	Suícóng	모시고 따라가다
陛下	bìxià	왕, 폐하
昂贵	ángguì	비싸다
身价	shēnjià	몸값
配得上	pèi de shàng	어울리다, 맞다

二. 拼音

32. Ángguì de jīdàn

yǒu yìtiān, guówáng lái dàole ā fán tí de cháguǎn, tā hé wǔ wèi suícóng měi gèrén dōu chīle yí fèn jīdàn, zǒu de shíhòu wèn ā fán tí:"Wǒmen yīnggāi fù gěi nǐ duōshǎo qián?"

Ā fán tí huídá shuō:"Bìxià, qǐng nín gěi wǒ yìqiān méi jīnbì ba."

Guówáng jīngyà de wèn:"Nǐ zhè de jīdàn wèishéme zhème ángguì?"

Ā fán tí huídá dào:"Bìxià, búshì jīdàn guì, shì nín de shēnjià guì. Jīdàn guìle, cáinéng pèi de shàng nín."

三. 韩语

32. 비싼 계란

어느 날, 국왕이 아판티의 찻집에 찾아왔다. 그는 다섯 명의 수행원과 함께 계란을 하나씩 먹었다. 그리고 돌아갈 때 아판티에게 물었다. "우리가 얼마를 줘야 하느냐?"

아판티는 "폐하, 저에게 금화 1,000개를 주세요."라고 대답했다.

"계란이 왜 이렇게 비싼 것이냐?" 국왕이 놀라며 물었다.

아판티는 말했다. "폐하, 계란이 비싼 것이 아니라 폐하의 몸값이 비싼 것입니다. 계란이 비싸야 폐하와 어울릴 수 있습니다."

33. 飞马

有一天，国王对阿凡提说自己想骑会飞的马，阿凡提对国王说："培育飞马关键在于时间，精心喂养十几年，马就会长出翅膀。"

愚蠢的国王信了阿凡提的话，问："都需要些什么东西？"

阿凡提回答说："不需要什么特别的东西，只要500块钱和十年的时间。

说完，国王就交给了阿凡提一匹好马和500块钱。

阿凡提回到家把事情都告诉了妻子。

妻子担心地说："谁听说过马会长出翅膀呢？别引来麻烦呀。"

阿凡提笑着说："别担心，国王能相信马会长出翅膀，那么他也会相信马能提前长出翅膀飞走的。"

一. 单词

새 단어	병음	한국어 의미
培育	Péiyù	기르다
喂养	wèiyǎng	양육하다, 기르다
愚蠢	yúchǔn	어리석고 민첩하지 못하다
引来	yǐn lái	초래하다
提前	tíqián	앞당기다

二. 拼音

33. Fēi mǎ

yǒu yìtiān, guówáng duì ā fán tí shuō zìjǐ xiǎng qí huì fēi de mǎ, ā fán tí duì guówáng shuō:"Péiyù fēi mǎ guānjiàn zàiyú shíjiān, jīngxīn wèiyǎng shí jǐ nián, mǎ jiù huì zhǎng chū chìbǎng."

Yúchǔn de guówáng xìnle ā fán tí dehuà, wèn:"Dōu xūyào xiē shénme dōngxī?"

Ā fán tí huídá shuō:"Bù xūyào shénme tèbié de dōngxī, zhǐyào 500 kuài qián hé shí nián de shíjiān.

Shuō wán, guówáng jiù jiāo gěile ā fán tí yì pǐ hǎo mǎ hé 500 kuài qián.

Ā fán tí huí dàojiā bǎ shìqíng dōu gàosùle qīzǐ.

Qīzǐ dānxīn de shuō:"Shéi tīng shuōguò mǎ huì zhǎng chū chìbǎng ne? Bié yǐn lái máfan ya."

Ā fán tí xiàozhe shuō:"Bié dānxīn, guówáng néng xiāngxìn mǎ huì zhǎng chū chìbǎng, nàme tā yě huì xiāngxìn mǎ néng tíqián zhǎng chū chìbǎng fēi zǒu de."

三. 韩语

33.비마

어느 날, 국왕은 아판티에게 날 수 있는 말을 타고 싶다고 말했다. 아판티는 국왕에게 이렇게 말했다. "비마를 키우려면 시간이 관건인데, 10여년간 정성껏 기르면 말에 날개가 돋칠 것입니다."

어리석은 국왕은 아판티의 말을 믿고 "무엇이 필요하느냐?"라고 물었다.

아판티는 "특별한 것은 필요 없습니다. 단지 500원과 10년의 시간이면 됩니다."

말을 마친 국왕은 아판티에게 좋은 말 한 필과 500원을 주었다.

아판티는 집에 돌아와 이 일을 아내에게 알려주었다.

아내는 걱정하며 "말에 날개가 돋치는다는 것을 누구에게서 들었어요. 말썽 일으키지 마세요."라고 말했다.

아판티는 "걱정하지 마세요. 국왕이 말에 날개가 돋친다고 믿었으니 말이 날개가 돋아 날아간다는 것도 믿을 거예요."라며 웃었다.

34. 鼠药

有一天，阿凡提捡了石头到镇上去卖。

一个人问他："你卖的是什么东西？"

阿凡提回答说："老鼠药。"

那个人又问："这个要怎么用？"

阿凡提回答说："你抓来一只老鼠，把这个放到它的嘴里，然后把它高举过头顶，朝地上狠狠摔一下，老鼠就死了。"

那个人说："不用你这个药，老鼠也会摔死呀。"

阿凡提回答说："不错，那样也会摔死，不过那样就没有人买我的老鼠药了。"

一. 单词

새 단어	병음	한국어 의미
捡	Jiǎn	줍다
镇上	zhèn shàng	지방
高举	gāojǔ	높이 들다, 추켜들다
狠狠	hěn hěn	세차게. 힘껏
摔死	shuāi sǐ	던져 죽이다, 떨어져 죽다

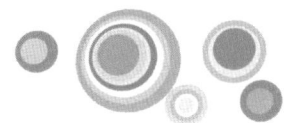

二. 拼音

34. Shǔ yào

yǒu yìtiān, ā fán tí jiǎnle shítou dào zhèn shàngqù mài.

Yígè rén wèn tā:"Nǐ mài de shì shénme dōngxī?"

Ā fán tí huídá shuō:"Lǎoshǔ yào."

Nàgè rén yòu wèn:"Zhège yào zěnme yòng?"

Ā fán tí huídá shuō:"Nǐ zhuā lái yì zhǐ lǎoshǔ, bǎ zhège fàng dào tā de zuǐ lǐ, ránhòu bǎ tā gāojǔguò tóudǐng, cháo dìshàng hěn hěn shuāi yíxià, lǎoshǔ jiù sǐle."

Nàgè rén shuō:"búyòng nǐ zhège yào, lǎoshǔ yě huì shuāi sǐ ya."

Ā fán tí huídá shuō:"búcuò, nàyàng yě huì shuāi sǐ, búguò nàyàng jiù méiyǒu rén mǎi wǒ de lǎoshǔ yàole."

三. 韩语

34. 쥐약

어느 날, 아판티는 돌을 주워 읍내에 가서 팔았다.

한 사람이 그에게 물었다. "무엇을 팔고 있어요?"

아판티는 쥐약이라고 대답했다.

"이걸 어떻게 사용해요?"

아판티는 "쥐 한 마리를 잡아 이 약을 입에 넣고 그것을 머리 위로 높이 들어 땅에 호되게 내던지면 쥐가 죽어요."라고 대답했다.

그 사람이 말했다. "이 약을 쓰지 않아도 쥐는 죽어요."

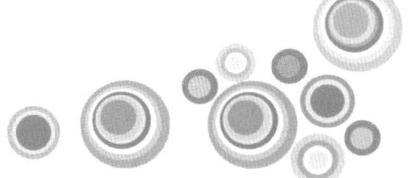

아판티는 "맞아요. 그렇게 하면 떨어져 죽을 수도 있지만 그러면 아무도 내 쥐약을 사지 않을 거예요."라고 대답했다.

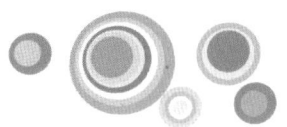

35. 失去记忆里的病人

有一天，一个总喜欢听别人夸她年轻的妇女找阿凡提看病。阿凡提问她几岁，妇女撒谎说："刚满二十五岁。"

阿凡提皱了皱眉头，在处方上写道：这是一个失去记忆的病人。

一. 单词

새 단어	병음	한국어 의미
撒谎	Sāhuǎng	거짓말을 하다
满	mǎn	가득하다
皱眉头	zhòuméi tóu	얼굴 찌푸리다
处方	chǔfāng	처방
记忆	jìyì	기억

二. 拼音

35. Shīqù jìyì lǐ de bìngrén

yǒu yìtiān, yígè zǒng xǐhuān tīng biérén kuā tā niánqīng de fùnǚ zhǎo ā fán tí kànbìng. Ā fán tíwèn tā jǐ suì, fùnǚ sāhuǎng shuō:"Gāng mǎn èrshíwǔ suì."

Ā fán tí zhòule zhòuméi tóu, zài chǔfāng shàng xiě dào: Zhè shì yígè shīqù jìyì de bìngrén.

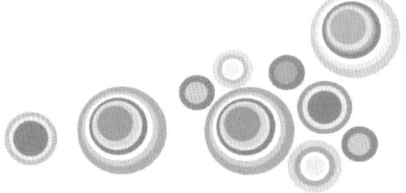

三. 韩语

35.기억을 상실한 환자

어느 날 다른 사람이 자신에게 젊어 보인다고 칭찬하는 것을 듣기 좋아하는 한 부녀자가 아판티를 찾아가 진찰하려 했다.

아판티는 그녀에게 몇 살이냐고 묻고 부녀자는 "막 스물다섯 살이 되었어요."라고 거짓말을 했다.

그는 눈썹을 찌푸리고 처방천에 다음과 같이 썼다. 이 분은 기억을 상실한 환자다.

36.钱包与钻石戒指

有个人丢了钱包,他说:"有谁能找回我的钱包,我就把钱包里一半的金币给他。"

过了几天一个穷人捡到了他的钱包,不过这时候丢钱包的人不愿意分一半的金币给那个穷人了,就故意撒谎说:"我的钱包里还有枚钻戒。"

于是,两个人来到了法庭。

身为法官的阿凡提问钱包的主人:"你确定你的钱包里除了一百枚金币还有枚钻戒吗?"

那个人很肯定地说:"我确定!"

阿凡提说:"那这个钱包应该不是你的,这里面除了一百枚金币,其他什么也没有。你去别处找你的钱包吧。"

一. 单词

새 단어	병음	한국어 의미
金币	Jīnbì	금화
枚	méi	개, 동전의 단위
钻戒	zuànjiè	다이아몬드 반지
法庭	fǎtíng	법정
确定	quèdìng	확실하다

| 别处 | biéchù | 다른 곳 |

二. 拼音

36. Qiánbāo yǔ zuànshí jièzhǐ

yǒu gèrén diūle qiánbāo, tā shuō:"Yǒu shéi néng zhǎo huí wǒ de qiánbāo, wǒ jiù bǎ qiánbāo lǐ yíbàn de jīnbì gěi tā."

Guò le jǐ tiān yígè qióngrén jiǎn dàole tā de qiánbāo, búguò zhè shíhòu diū qiánbāo de rén bú yuànyì fēn yíbàn de jīnbì gěi nàgè qióngrénle, jiù gùyì sāhuǎng shuō:"Wǒ de qiánbāo lǐ hái yǒu méi zuànjiè."

Yúshì, liǎng gèrén lái dàole fǎtíng.

Shēn wéi fǎguān de ā fán tíwèn qiánbāo de zhǔrén:"Nǐ quèdìng nǐ de qiánbāo lǐ chúle yìbǎi méi jīnbì hái yǒu méi zuànjiè ma?"

Nàgè rén hěn kěndìng de shuō:"Wǒ quèdìng!"

Ā fán tí shuō:"Nà zhège qiánbāo yīnggāi búshì nǐ de, zhè lǐmiàn chúle yìbǎi méi jīnbì, qítā shénme yě méiyǒu. Nǐ qù biéchù zhǎo nǐ de qiánbāo ba."

三. 韩语

36. 지갑과 다이아몬드 반지

지갑을 잃어버린 한 사람이 말했다. "누군가 제 지갑을 되찾아 준다면 제 지갑 안의 금화의 절반을 주겠어요."

며칠이 지나자 한 가난한 사람이 그의 지갑을 주웠다. 그러나 이때 지갑을 잃어버린 사람이 지갑을 찾아준 사람에게 금화의 절반을 주기 싫어 일부러 "제 지갑에는 다이아몬드 반지도 있어요."라고 거짓말을 했다.

그러자 두 사람은 법정으로 나섰다.

법관인 아판티는 지갑의 주인에게 안에 금화 100개 외에 다이아몬드 반지가 있는 것이 확실하냐고 물었다.

그 사람은 아주 확실하게 말했다. "확실해요!"

아판티는 이렇게 말했다. "그럼 이 지갑은 당신의 것이 아니에요. 여기에는 금화 100개 외에는 아무것도 없어요. 다른 곳에 가서 지갑을 찾아보세요."

37.吃或者是不吃

有一天，一个很小气的邻居来到阿凡提家，到了吃饭的时候还不肯离开。于是，阿凡提对邻居说："今天中午你就在我家吃饭吧。"

邻居很开心地说："好呀好呀，很久没在你家吃饭了。"

阿凡提说："今天的菜很好，你还能选择。"

邻居激动地说："阿凡提，你真好！还让我选好吃的。"

阿凡提回答说："不，你只能选择吃或者不吃。你要是吃，我就没得吃；你要是不吃，我就有得吃。"

一. 单词

새 단어	병음	한국어 의미
不肯	Bù kěn	요구 따위를 즐기어 듣지 않다
或者	huòzhě	또는, 혹은
没得吃	méi de chī	먹을 것이 없다
有得吃	yǒu de chī	먹을 것이 있다

二. 拼音

37. Chī huòzhě shì bù chī

yǒu yìtiān, yígè hěn xiǎoqì de línjū lái dào ā fán tí jiā, dàole chīfàn de shíhòu hái bù kěn líkāi. Yúshì, ā fán tí duì línjū shuō:"Jīntiān zhōngwǔ nǐ jiù zài wǒjiā chīfàn ba."

Línjū hěn kāixīn de shuō:"Hǎo ya hǎo ya, hěnjiǔ méi zài nǐ jiā chīfànle."

Ā fán tí shuō:"Jīntiān de cài hěn hǎo, nǐ hái néng xuǎnzé."

Línjū jīdòng de shuō:"Ā fán tí, nǐ zhēn hǎo! Hái ràng wǒ xuǎn hǎo chī de."

Ā fán tí huídá shuō:"Bù, nǐ zhǐ néng xuǎnzé chī huòzhě bù chī. Nǐ yàoshi chī, wǒ jiù méi de chī; nǐ yàoshi bù chī, wǒ jiù yǒu de chī."

三. 韩语

37.먹거나 먹지 않거나

어느 날 인색한 이웃이 아판티 집에 왔는데 밥을 먹을 때까지도 떠나려 하지 않았다. 그러자 아판티는 이웃 사람에게 "오늘 점심은 저희 집에서 식사하세요."라고 말했다.

이웃 사람은 아주 반가워하면서 "그래요, 그래요, 오랜만에 당신의 집에서 밥을 먹어요."라고 말했다.

아판티는 "오늘의 음식이 아주 좋아요. 당신이 선택할 수 있어요."라고 말했다.

이웃 사람이 흥분하며 "아판티, 당신 참 좋네요! 맛있는 것도 골라주세요."라고 했다.

아판티는 "아니요, 당신은 먹거나 먹지 않거나의 여부를 선택할 수밖에 없어요. 당신이 먹는다면 저는 먹지 못할 것이고 당신이 안 먹으면 저는 먹을 수 있어요."라고 말했다.

38.脚丫子找到了吧

有一天，一群孩子在河边玩耍。

看到阿凡提走过来，他们连忙把脚丫子伸进了水里，并对阿凡提说："叔叔，我们的脚丫子掉到河里找不到了，快帮我们找一下。"

阿凡提走过去，假装用一根棍子狠狠地向他们的脚打过去。

孩子们以为阿凡提真的要打他们，赶紧把脚从水里拿了出来。

阿凡提笑着说："你们看，脚丫子找到了吧。"

一. 单词

새 단어	병음	한국어 의미
玩耍	Wánshuǎ	놀다
伸进	shēn jìn	꿰다
脚丫子	jiǎoyāzi	발
假装	jiǎzhuāng	척하다
狠狠	hěn hěn	세차게. 힘껏
赶紧	gǎnjǐn	서둘러. 급히

二. 拼音

38. Jiǎoyāzi zhǎodàole ba

yǒu yìtiān, yìqún háizi zài hé biān wánshuǎ.

Kàn dào ā fán tí zǒu guòlái, tāmen liánmáng bǎ jiǎoyāzi shēn jìnle shuǐ lǐ, bìng duì ā fán tí shuō:"Shūshu, wǒmen de jiǎoyāzi diào dào hé lǐ zhǎo bú dàole, kuài bāng wǒmen zhǎo yíxià."

Ā fán tí zǒu guòqù, jiǎzhuāng yòng yì gēn gùnzi hěn hěn de xiàng tāmen de jiǎo dǎ guòqù.

Háizimen yǐwéi ā fán tí zhēn de yāo dǎ tāmen, gǎnjǐn bǎ jiǎo cóng shuǐ lǐ nále chūlái.

Ā fán tí xiàozhe shuō:"Nǐmen kàn, jiǎoyāzi zhǎodàole ba."

三. 韩语

38.발을 찾았지?

어느 날, 한 무리의 아이들이 강가에서 놀고 있었다.

아판티가 걸어오는 것을 보고 그들은 얼른 발을 물에 빠뜨리고 아판티에게 말했다. "아저씨, 저희 발이 강에 빠져 찾을 수 없어요."

아판티는 걸어가서 막대기로 그들의 발을 매섭게 때리는 척했다.

아이들은 아판티가 진짜 그들을 때리려고 한다고 생각하여 재빨리 발을 물에서 빼냈다.

아판티는 "봐봐, 발을 찾았지?"라며 웃었다.

 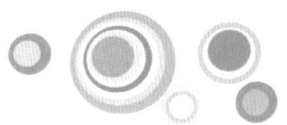

39. 天才

有一天，阿凡提的儿子开心地对阿凡提说："爸爸，爸爸，我记得您是哪一天出生的！"

阿凡提听了高兴地对妻子说："老婆，我们的孩子真是个天才啊，他居然知道他还没出生前发生的事情！"

一. 单词

새 단어	병음	한국어 의미
记得	Jìdé	기억하다
居然	jūrán	뜻밖에. 생각 밖에. 의외로

二. 拼音

39. Tiāncái

yǒu yìtiān, ā fán tí de érzi kāixīn de duì ā fán tí shuō:"Bàba, bàba, wǒ jìdé nín shì nǎ yìtiān chūshēng de!"

Ā fán tí tīngle gāoxìng de duì qīzǐ shuō:"Lǎopó, wǒmen de háizi zhēnshi gè tiāncái a, tā jūrán zhīdào tā hái méi chūshēng qián fāshēng de shìqíng!"

三. 韩语

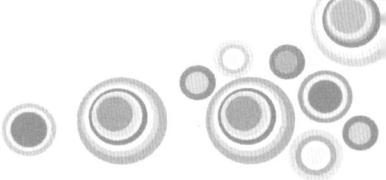

39.천재

어느 날, 아판티의 아들이 아판티를 보고 기뻐하며 말했다."아빠, 아빠, 저는 아빠가 언제 태어났는지 기억해요!"

아판티는 듣고 기뻐하며 아내에게 말했다. "여보, 우리 아이는 정말 천재예요. 그는 그가 태어나기 전에 발생한 일을 알고 있어요!"